아빠, 부동산이 뭐예요?

아빠, 부동산이 뭐예요?

부루마블보다 재밌는
하루 15분 부동산 수업

조훈희 지음

프롬북스
frombooks

당신의 아이는 부자의 길을 가고 있나요?

저는 대기업과 부동산 투자회사, 외국계 부동산 자산관리회사에서 부동산을 관리 및 투자하는 일을 오랫동안 해왔습니다. 그러면서 부동산과 관련된 사람들을 많이 만났습니다. 부동산 투자를 하고 싶은데 어떻게 해야 할지 모르는 사람부터 무리한 부동산 투자로 힘들어하는 사람, 반대로 부동산 투자에 성공해서 엄청난 부자가 된 사람, 부모님에게서 부동산을 상속받은 사람들까지 부동산에 관련된 이야기를 많이 들었죠. 그렇게 부동산과 사람에 대한 경험을 쌓으면서 드는 생각은 단 하나였습니다. '대대로 오래가는 부자일수록 세상 보는 눈이 다르다'는 것입니다. 반대로 부동산 투자에 실패한 사람들은 좁은 시야로 당장 눈앞에 보이는 돈을 좇기에만 급급한 모습이었습니다.

사람들은 부동산 투자로 지금 당장 많은 돈을 벌고 싶어 합니다. 그래서인지 온라인 세계를 들여다보면 부동산에 투자만 하면 로또처럼 몇 억은 쉽게 벌 수 있다는 식의 광고나 강의가 넘쳐납니다. 그러나 부동산不動産은 뜻 그대로 움직일 수 없고 오래 지속된다는 특징이 있습니다. 갑자기 땅이나 건물이 사라지거나 주변 환경이 완전히 바뀌지 않는 만큼 부동산 투자에는 오랜 시간이 필요하죠. 10년이 될 수도 있고 100년이 될 수도 있습니다. 부자들은 그런 사실을 잘 알고 있기에 부동산에 투자할 때 급하게 서두르거나 무리하지 않습니다. 그리고 이렇게 습관처럼 새겨진 부동산에 대한 인식은 자녀에게 고스란히 전수되어, 안정적인 부의 이전이 일어나고 있었습니다.

저희 부모님이 부동산 부자는 아니었습니다. 그러나 건설업을 하시던 외할아버지의 영향을 받아 부동산에 관심이 많으셨던 어머니와 회사에서 부동산을 관리하시던 아버지 덕분에 저는 부동산 이야기를 자주 들으면서 자랐습니다. 어린 시절부터 저에게 부동산은 갑자기 큰돈을 벌어다 주는 투자의 수단이 아니라 평범한 삶의 일부였습니다. 저는 첫 사회생활을 총무팀에서 시작했고, 나중에는 기업의 부동산 자산을 관리하게 되었죠. 이후 부동산 개발과 투자까지 하게 되었습니다. 대학원을 다니면서 공부도 했습니다. 그 결과 지금은 부동산대학원 교수가 되어 학생들을 가르치고 있고, 동시에 부동산 투자회사의 대표로 일하는 두 가지의 삶을 살고 있습니다.

저는 세 아들의 아빠이기도 합니다. 첫째 아들이 태어난 지 벌

써 10년이 지났네요. 어린 시절부터 자연스럽게 부동산에 대한 시각을 체득케 해주신 부모님, 부동산을 인연으로 만난 수많은 사람들, 그리고 부동산을 배우기 위해 낮에는 일하고 밤에는 강의를 듣는 학생들을 보면서 저 역시 부동산에 대해 고민을 많이 했습니다. 아무리 학창시절에 공부를 잘했던 사람이라도 성인이 되어 부동산이라는 장벽을 만나면 어찌할 바를 몰라 하는 모습을 많이 보았기 때문입니다.

'어떻게 하면 우리 아이들은 남들과 다르게 부동산을 즐기면서 장기적인 안목으로 투자를 할 수 있을까?'란 질문에 대한 결론은 하나였습니다. 스스로 판단할 수 있는 부동산적인 안목을 길러주자는 것이었죠. 부동산은 시대의 흐름에 따라 매번 변화하기에 족집게 과외 선생님처럼 지금 바로 정답을 줄 수 없기 때문입니다. 시대와 환경이 바뀔 때마다 제가 평생 아이들을 쫓아다니면서 정답을 알려줄 수도 없는 노릇이었죠.

배가 고파서, 가난에서 벗어나기 위해 이를 악물고 공부하고 돈을 버는 시대는 지나갔습니다. 지금 우리 아이들은 한반도 역사상 과거 어느 시대보다 풍요로우며, 넘쳐나는 정보와 기회 속에서 살고 있습니다. 물론 이러한 이유 때문에 경쟁은 더 치열해졌고, 끊임없는 비교와 시험 속에서 남들보다 빠른 성과를 추구하게 되었죠. 경쟁과 비교에 익숙해지다 보니 부동산 투자도 어떻게 하면 남들보다 더 빨리 더 많은 돈을 벌 수 있는지에

만 초점을 맞추어 생각하는 것 같습니다. 하지만 이러한 경쟁적인 구도는 결국 무분별한 부동산 투자와 또 다른 영끌족의 슬픔을 낳게 할 뿐입니다.

우리 아이들이 맞이할 미래의 부동산 시장은 달라져야 합니다. 어려서부터 영어 사용 환경에 익숙한 아이가 어른이 되어서도 자연스럽게 영어를 잘하고, 그 영어를 기반으로 다양한 해외시장을 개척하듯이, 부동산도 어린 시절부터 시장 환경에 익숙해져야 하고, 부동산적인 시야를 넓혀야 하며, 그에 맞는 사고를 할 줄 아는 힘을 길러야 합니다. 나아가 부동산 투자의 바탕이 될 돈을 올바르게 대하는 방법과 시장경제를 읽을 수 있는 눈도 필요하죠. 그래서 저는 아이들에게 저축과 소비의 습관부터 시작해서, 시장 보는 눈을 통해 부동산을 익히며, 아이들에게 가장 큰 자산이 될 인간관계까지 아우를 수 있는 부동산적인 가정교육을 이어오고 있습니다.

이 책은 저를 부동산 전문가로 키워주신 저희 부모님의 교육방식을 토대로 아내와 제가 우리 아이들에게 실제로 교육했던 대화 내용과 설명을 담고 있습니다. 그리고 부모와 자녀가 함께 부동산에 대해서 즐겁게 공부할 수 있는 방법을 소개했습니다. 이 책을 통해 여러분과 여러분의 자녀 모두 부동산과 시장경제에 대한 장기적인 안목을 갖고 스스로 고민하고 판단할 수 있는 힘을 갖게 되기를 희망합니다.

3장

경제 논리를 통해 이해하는 부동산 시장

4장

일상생활에서 부동산 인사이트를 키워보세요

5장

부동산 투자로 배우는 돈 버는 공식

6장

결국 부동산 투자도 사람이 핵심입니다

1장

부자 되는 첫걸음, 바른 습관부터 만들어주세요

'목적봉투'를 만들어보세요

"아빠, 정말 갖고 싶은 모형자동차가 있는데 너무 비싼 것 같아요. 10만 원도 넘는 걸요!"

우리 아이들은 어린이집에 다니던 시절부터 아빠에게서 지겹도록 돈과 시장경제 그리고 부동산에 대한 이야기를 듣고 자랐습니다. 그래서인지 갖고 싶은 물건을 보았을 때 무작정 사달라고 조르거나 자기 돈이라고 충동적으로 사는 일은 적었습니다.

한편, 첫째 아들은 어릴 적 자동차 장난감을 많이 가지고 놀았고, 초등학교 고학년이 된 지금도 자동차를 여전히 좋아합니다. 자동차 번호판을 보고 숫자를 익히고, 자동차 이름을 보고 알파벳을 익힐 정도였으니까요. 자녀가 흥미를 보이는 대상이 있을 경우 그것에 대한 새로운 시각을 얻을 수 있게 해주는 것이 매우 중요합니다. 자동차를 좋아한다고 매번 마트 장난감 코너에서만 보여준다면 아이의 시각은 장난감에 머물고 말 것입니다. 그래서 우리 가족은 모터쇼를 종종 갑니다.

그런데 한번은 현장에서 첫째 아들이 보지 말아야 할 것을 보고야 말았습니다. 다름 아닌 정밀하게 만들어진 자동차 다이캐스트 자동차였는데요, 가격이 10만 원이 넘었습니다. 평소에 잘 하지 않는 '너무 갖고 싶다'란 말을 연신 하면서 진열장에서 떨어지지 못하는 아이를 데리고 집에 오면서 저는 계속 고민을 했습니다. 저 역시 아들의 모습이 안쓰러웠기 때문입니다.

어떻게 하면 합리적으로 이 물건을 갖게 해줄 수 있을까 자문해보았습니다. '학교에서 시험 1등 하면 사준다고 해볼까?' 그러나 공부를 목적으로 제안을 한다면 아이는 이후 대가가 사라지면 공부를 하지 않을 것 같았습니다. 다른 것도 아니고 공부만은 다른 목적을 위해서 하는 것이 아니라는 인식을 계속 심어줘야 합니다. 아이들은 목적이나 대가가 사라지면 해야 할 필요성을 느끼지 못하게 되기 때문이죠. (공부를 안 하면 나중에 직업 선택의 폭이 좁아져서 자신이 정말 하고 싶은 것을 할 수 없게 되는 현실에 대해서 설명해줄 필요가 있습니다.)

또한 부모가 기분이 좋다는 이유로 아이가 원하는 것을 사준다거나 생일선물로 사주는 경우도 생각해보았습니다. 그러나 이 방법은 아이가 스스로의 노력을 통해서 얻은 결과가 아니게 됩니다. 그렇게 되면 아이들은 무언가를 원할 때 부모의 눈치를 보거나 자신의 노력이 아닌 요행을 바라게 될 것입니다. 고민 끝에 저는 집에 돌아와서 여러 개의 봉투를 놓고 말했습니다.

"앞으로 사고 싶은 것이 있으면 이 봉투 위에 물건의 이름을 적고 이 속에 조금씩 돈을 모아볼까. 집안일 해서 받는 용돈이나 할머니, 할아버지가 주시는 용돈을 꾸준히 이 봉투에 모으는 거야. 그렇게 돈이 모이면 그걸로 너희들이 사고 싶은 것을 사는 거지. 우선 봉투에 너희들이 갖고 싶은 물건의 이름을 하나씩 써봐."

그러자 아이들은 고민을 하다가 각자 모형자동차, 게임머니, 킥보드가 적힌 세 개의 봉투를 만들었습니다.

"이제 모형자동차는 어떤 것이며 가격이 얼마인지, 게임머니는 어떤 게임의 얼마짜리 제품인지, 킥보드는 얼마짜리인지 적어보자."

아이들은 모형자동차와 게임머니의 가격과 품목을 적었습니다. 그러나 킥보드는 아직 구체적인 제품을 고민해본 적이 없었기 때문에 가격을 적지 못했죠. 그래서 나중에 매장에 가서 원하는 킥보드를 고른 후 가격을 써오기로 했습니다. 그날 이후 용돈이 생길 때마다 물건 이름과 가격이 적힌 봉투에 돈을 모으기 시작했고 우리는 이것을 '목적봉투'라고 불렀습니다. '목적봉투'의 장점은 돈을 모으는 강력한 목적을 제공해주어서 절약을 실천할 수 있게 해준다는 것이었습니다.

목적봉투는 돈을 모으는 동기를 제공해줄 뿐만 아니라 큰 장점이 또 하나 있었습니다. 아이들이 무언가 갖고 싶은 대상이 생겼을 때 바로 구매하지 않고 돈을 다 모을 때까지의 과정을 지나가야 한다는 점이었습니다. 돈을 모으는 길고 힘든 과정에서 아이들은 그 물건이 본인에게 진짜로 필요한 물건인지(목적 필요성), 시간이 지나도 그 물건이 꼭 갖고 싶은지(시의 적절성), 그 물건이 돈을 모으는 노력에 비해서 적정한 가격인지(가격 적합성)를 스스로 점검할 수 있게 해주었습니다. 그 과정에서 한 사람이 모을 수 있는 돈과 노동력은 한정되어 있음을, 그리고 목적봉투가 많아질수록 각각의 목적들을 달성하려면 시간이 더 필요하다는 것도 알려줄 수 있었죠. 목적봉투는 제한된 시간과 자원 속에서 아이들이 선택과 집중을 할 수 있게 가르쳐주고 있었습니다.

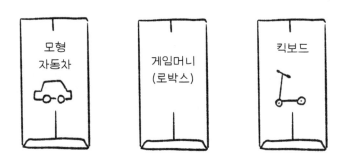

정리해볼까요

- 돈을 모으려면 우선 '목적'을 명확하게 세워야 합니다.
- 이때 그 목적을 이루는 수단을 부모가 원하는 공부나 성적으로 한정하지 않아야 합니다.
- 스스로 목적을 세우고 노력해서 달성할 수 있는 방식을 알려준다면, 아이들은 돈을 모으고 절약하는 습관까지 갖게 될 것입니다. 더불어 그 목적에 도달하기까지 시간과 노력이 필요하다는 점도 알게 되겠죠.

아이들이 갖고 싶어 하는 물건의 이름과 가격을 적은 '목적봉투'를 만들어보세요. 그리고 매달 봉투에 얼마가 모였는지 체크를 해보고, 그 목적이 지금도 유효한지 아니면 바꾸기를 희망하는지, 돈을 모으는 데 어떤 부분이 힘들었는지 아이들과 함께 이야기해보세요. 돈을 모으는 습관뿐만 아니라 합리적으로 소비하는 습관까지 기를 수 있을 것입니다.

올바른 소비습관에는 '육하원칙'이 있다

"엄마, 나 돈 주세요."

유치원에 다니던 제가 한번은 엄마에게 달려가 처음으로 돈을 달라고 했습니다. 집 앞 문방구에서 파는 자동차 장난감이 너무나도 갖고 싶었기 때문입니다. 저는 문방구 아저씨에게 물어봤죠.

"아저씨, 저 이거 갖고 싶어요."

그러자 문방구 아저씨가 대답했습니다.

"그러면 엄마한테 가서 돈을 받아와라."

그래서 저는 집에 달려가서 엄마한테 돈을 달라고 했죠. 그러자 엄마는 어린 아들의 뜬금없는 돈 요구에 놀라시면서 물어봤었습니다.

"돈은 왜?"

"자동차 장난감이 갖고 싶은데 그거 갖고 싶으면 아저씨가 돈 가져오래요."

"안 돼."

"왜?"

"돈 없어서 안 돼. 무슨 자동차야? 집에 많잖아."

어린 저는 결국 돈을 주지 않는 엄마에게 토라졌습니다. 한편, 문방구 아저씨 덕분에 돈이 있으면 내가 원하는 것을 무엇이든지 살 수 있다는 인식이 생겼습니다.

이렇게 욕망을 단순히 억누르기만 하면 아이들이 돈에 대해 잘못된 인식을 갖게 될 수 있습니다. '돈이면 무엇이든지 다 살 수 있다'는 인식이 아이가 자라면서 '돈이 없어서 원하는 것을 갖지 못해 불편하다'는 인식으로 발전한다는 말이지요. 그러므로 부모님은 아이가 무언가 사기 위해 돈을 달라고 할 때 '그건 지금 집에도 있으니까 안 돼'라거나 '돈이 없으니까 안 돼' 혹은 '그건 엄마가 봤을 때 필요하니까 사줄게'라고 쉽게 결정을 내리면 안 됩니다. 시간이 걸리더라도 아이들과 함께 조목조목 따져봐야 아이가 돈에 대해서 스스로 생각할 수 있는 능력을 갖게 됩니다.

　자녀와 함께 돈과 필요에 대해서 하나씩 따져보는 방법을 저는 '육하원칙 사고법'이라고 부릅니다. 돈을 쓰기에 앞서 육하원칙에 따라 같이 고민해보는 과정이죠. 일반적인 사고법과 달리 돈을 소비함으로써 얻을 수 있는 효과가 무엇인지에 초점을 맞춘 질문입니다. 단순히 어떤 물건이 필요한지, 아니면 필요가 없는지에 대해서 긍정과 부정으로 양극단으로 이야기를 하게 되면 문제가 생깁니다. 아이는 지속적으로 필요하다고만 고집 부리고, 부모는 계속 필요 없다고만 주장을 할 것이기 때문에 의견이 좁혀지지 않겠죠.
　그럼 이 사고법에 대해 아이가 게임머니를 원하는 상황을 예로 들어 설명해보겠습니다.

왜Why 필요한가?
→ 게임머니가 왜 필요한가?
무엇What에 사용할 수 있는가?
→ 게임머니로 무엇을 하려 하는가?
언제When 사용할 수 있고, 언제까지 사용할 수 있는가?
→ 게임머니를 언제 쓸 수 있고, 앞으로 언제까지 사용할 수
　있을까?

누가Who 사용할 수 있는가?

→ 게임머니는 혼자서 사용 가능한가? 친구들과 함께 나눠 쓸
  수 있는가?

어디서Where 사용할 수 있는가?

→ 게임머니는 어디서 사용할 수 있는가?

어떻게How 사용할 수 있는가?

→ 게임머니의 또 어떤 다른 용도가 있는가?

게임머니를 사야 하기 때문에 돈이 필요하다는 제 아이는 '육하
원칙 사고법'을 통해 저와 함께 이렇게 이야기를 나누었습니다.

"게임머니가 있으면 게임을 더 재밌게 할 수 있는데 부족하니
까 짜증이 나요. 게임머니로 죽으면 환생도 할 수 있고 무기도
살 수 있는데 그게 안 되니까 자꾸 지거든요. 게임머니로 사는
아이템에는 계속 쓸 수 있는 것도 있고 한 번 쓰면 없어지는 것
도 있어요. 나 혼자만 사용해도 되고 친구들한테 선물을 할 수
도 있고요. 나도 벌써 몇 번이나 친구들한테 선물 받았어요."

이런 아이의 말에 제가 바로 돈을 준 것은 아닙니다. 우선 아
이가 모은 돈으로 구매하되, 게임머니를 구입할 수 있는 금액
은 대화를 통해 정했죠. 친구들에게 받은 만큼 선물도 해줄 수

있고, 없어지지 않는 아이템을 살 수 있는 금액인 3만 원으로 한정했습니다. 그리고 게임머니 3만 원을 구매할 수 있는 기간도 6개월 이내로 정했습니다. 왜냐하면 금액을 한정해도 돈을 모을 때마다 사면 아이에게 통제력을 길러줄 수 없기 때문입니다. 마지막으로, 미성년자는 구매가 안 되니 아빠가 대신 구매해주겠다고 말했습니다. 그리고 그만큼 아이가 가지고 있는 돈을 저에게 지불하게 했습니다. 돈을 소비하기 전에 목적과 필요성에 대해서 한 번 더 고민할 수 있게 하고, 소비를 한 이후에도 구매한 물건을 어떻게 계획적으로 사용할지에 대해서 생각할 수 있는 시간을 갖는 것이 이 사고법의 핵심입니다.

정리해볼까요

· 아이가 소비를 하기 전에 육하원칙 사고법을 통해 그 소비가 주는 효용의 가치를 따져보게 해야 합니다.

· 소비를 하기 전에 정말 필요한지 분명히 하고, 소비 계획과 기준을 세우는 습관을 가져야 합니다.

· 올바른 소비는 단순히 '필요하다, 필요하지 않다'란 이분법적 사고로 진행하는 것이 아니라 입체적이고 계획적인 고민이 필요합니다.

◆ 함께 실천해보세요

아이가 갖고 싶어 하는 물건이 있거나 용돈이 필요하다고 말했을 때 육하원칙 하에 질문을 해보세요. 처음에는 즉시 답을 얻을 수 없기 때문에 아이가 짜증낼 수도 있습니다. 그러나 이러한 사고가 습관이 되면 아이는 시간을 들더라도 스스로 답을 찾아가는 모습을 보여줄 것입니다.

은행에 숨겨진 놀라운 가능성을 발견해보세요

"오늘 친구들이랑 밖에서 놀다가 너무 더워서 은행에 갔거든 요? 시원해서 정말 좋았어요."

제가 어렸을 때 살던 아파트 상가 1층에는 큰 은행이 있었습 니다. 그 시절은 지금보다 은행 수도 많았고, 은행마다 사람들 이 항상 북적였습니다. 인터넷이나 모바일 뱅킹이 없었기 때문 에 아파트 관리비를 내기 위해서, 세금이나 공과금을 내기 위 해서, 아니면 아버지가 노란봉투에 받아오신 월급을 통장에 저 금하기 위해서 어머니는 은행에 가셨는데 그때마다 항상 저를 데리고 가셨습니다. 그렇게 은행을 갈 때마다 어머니는 저에게 말씀하셨습니다.

"통장 잘 챙겨라. 지난번에 시골 가서 받은 용돈도 안 잃어버리게 통장에 넣어두고. 저금통은 꽉 찼니? 저금통에 있는 동전들도 챙겨라. 돈은 반드시 모아 놓지 않으면 눈 녹듯이 다 사라진단다."

어머니는 어린 저에게 직접 저금을 하게 시키셨죠. 작은 돈은 얼렁뚱땅 사라지기 때문에 항상 모아서 큰돈으로 가지고 있어야 한다고 말씀하셨습니다. 은행에 가면 동네사람들이 가득 있었고, 그 시절에 귀했던 에어컨 바람도 쐴 수 있었습니다. 어린 저에게 은행은 마치 오아시스 같은 곳이었습니다.

저는 유치원에 들어가기 전부터 통장이 있었습니다. 어머니는 시간이 좀 더 걸리고 뒷사람이 눈총을 주더라도 제가 직접 저금을 하게 하셨고, 통장에 있는 돈을 눈으로 직접 확인하게 하셨습니다.

초등학교 저학년 시절, 은행에 저금을 하러 갔는데 옆집 할머니를 만났습니다. 할머니께서 얼마 있냐고 물어보셔서 저는 통장을 보여드렸습니다. 할머니는 100만 원이 넘게 들어 있는 것을 보시고 엄청 놀라셨습니다. 저는 어릴 때부터 돈이 생기면 군것질을 한다거나 허투루 쓰지 않고 어머니를 따라 꼭 은행에 가서 저금을 했기 때문에 어린 나이지만 적지 않는 돈을 모을 수 있었습니다. 어른들이 "과자 사 먹어라" 하고 몇백 원을 쥐여주면 당장 은행으로 달려가 저금을 했죠. 문방구 앞 뽑기를 하고 싶은 생각이 들 때도 있었지만, 은행에 넣어두면 그런 유혹에서 벗어날 수 있었기 때문입니다.

지금은 일상에서 현금으로 거래하는 일이 거의 없습니다. 모바일 뱅킹과 카드 거래를 주로 하기 때문에 돈을 가지고 은행에 가서 통장에 넣을 일 자체가 사라졌습니다. 특히 나에게 들어오는 가장 큰돈인 월급도 온라인으로 입금되기 때문에 굳이 내가 돈을 모으는 행위를 하지 않아도 자동으로 모여 있죠. 그래서인지 사람들은 돈을 쓰는 방법은 잘 알면서도 돈을 모으는 방법에 대해서는 잘 모르는 것 같습니다. 사실 돈을 모으기 위해서는 돈을 아껴 쓰는 습관보다 돈을 모으는 습관이 더 중요한데 말이죠.

저는 아이들이 돈 모으는 재미를 알고 저축 습관을 갖도록 다양한 방식으로 은행과 친해질 수 있게 교육하고 있습니다. 먼저 부모가 은행을 가는 모습을 보여주는 것이 중요합니다. 직접 돈을 은행에 입금하고 통장을 확인하는 행동을 아이들과 함께 하는 것이죠. 그런데 요즘은 현금자동입출금기ATM가 이런 일을 대신하는 경우가 많습니다. 그래서 ATM을 이용하는 것도 아이들에게 직접 하도록 시킵니다. 그래야 돈 거래에 필요한 어려운 단어들을 자주 접하고 이해할 수 있기 때문입니다. 은행을 방문하는 일이 많아지자 아이들은 이런 질문을 하기도 했죠.

"그런데 이 기계에 돈 넣으면 그 돈은 어디로 가요?"

"기계 뒤에 있는 금고에 모여 있다가 현금을 모으는 보안요원들이 와서 매일 돈을 수거해서 은행으로 안전하게 가져가지."

"그렇구나. 나도 사실 여기 자주 오거든요. 친구들하고 놀다가 더우면 잠깐 들어와 있어도 돼요."

다행히 우리 아이들은 은행과 친해지고 있는 것 같았습니다. 사실 이렇게 은행과 친해지기까지 많은 노력을 했습니다. 현금자동입출금기를 이용하는 것뿐만 아니라 일부러 집에 있는 현금이나 저금통의 동전을 모아 아이들과 함께 은행 창구에서 번호표를 뽑고 입금을 하기도 했죠. 특히 동전이 많이 모였을 때는 동전을 받는 은행을 수소문해 찾아가 동전계수기를 작동시키는 모습을 보여주기도 했습니다. 그리고 아이들 통장을 추가로 만들 때도 역시 아이들이 직접 서류를 작성하고 창구에 제출하게 했죠.

아이들이 은행에 처음 방문하면 엄숙한 분위기에 두려움을 느낄지도 모릅니다. 우리 아이들도 그랬답니다. 이럴 때 정수기에서 시원한 물도 한잔 마시고 잡지도 보면서 은행은 우리의 소중한 돈을 도둑으로부터 안전하게 지켜주는 곳이라는 인식을 심어주면 아이는 은행이 좋은 곳이라고 생각하게 될 것입니다. 은행에 자주 와서 그 분위기에 익숙해져야 마음 문이 열리고 자연스레 돈을 모으는 습관도 갖게 된답니다. 더 나아가 은행에서 판매하는 많은 금융상품에 대해서 그 뜻은 모를지언정 점점 익숙하게 느껴질 것입니다. 이렇게 어린 시절부터 금융에 한 발짝씩 다가가기 시작하는 것이죠. 그래서 옛 어르신들이 '은행 문이 닳도록 다녀야 부자가 될 수 있다'라고 말씀하신 것 같습니다. 그러고보니 책과 친해지려면 도서관에 가야 하는 것과 비슷하군요. 돈과 친해지기 위해서는 은행을 가야 하는 것이죠.

학년이 올라가면서 은행 영업시간에 아이들이 방과후교실이나 학원에 있는 경우가 많아졌습니다. 다행인 건 아이들이 어린 시절부터 은행과 친해지면서 습관적으로 돈을 모으는 방법을 체득했기 때문에 이제는 어떻게 돈을 모아야 하는지 알고 있다는 것입니다. 지금은 아빠와 엄마가 퇴근한 뒤 저녁에도 사용 가능한 아파트 단지 앞 현금자동입출금기에 함께 가서 통장에 얼마가 모였는지 확인하는 시간을 갖습니다. 편의점 ATM도 은행들과 제휴가 되어 있어 수수료가 안 들기 때문에 이용하기 좋습니다.

 아이들에게 돈은 자동으로 모이는 것이 아니라 스스로의 노력이 있어야 모이는 것임을 알도록 직접 실천하고 습관이 되도록 해주어야 합니다. 그러면 자연스럽게 돈을 쓸 때도 돈을 모았던 과정이 생각나서 한 번 더 고민하게 될 것입니다.

정리해볼까요

· 돈은 절대 자동으로 모이지 않습니다. 자신의 노력이 반드시 필요하죠.
· 스스로의 노력을 통해 돈 모으는 습관을 들이면 돈을 허투루 쓰지 않는 올바른 소비습관도 갖게 될 것입니다.

◆ 함께 실천해보세요

부모님이 아이와 함께 은행에 방문해서 통장을 만들고, 또 은행을 활용하는 모습을 자주 보여주세요. 놀러 가서 돈을 쓰는 모습을 보여주는 것보다 교육적으로 더 의미 있는 일입니다. 은행에 방문해서도 부모 스스로가 여러 가지 금융상품에 관심을 보이고 흥미 있어 하는 모습을 보여야 아이도 그 모습을 보면서 은행에 대한 거부감을 낮추고 돈과 친해질 수 있을 것입니다.

통장을 강력하게
업그레이드하는 방법

"아빠랑 만든 통장에 모인 돈이 천만 원도 넘을 것 같아요."

아이가 태어나고 출생신고를 마치자마자 제일 먼저 간 곳은 은행이었습니다. 할아버지, 할머니 그리고 친척들이 분윳값이라도 하라며 용돈을 주시는 행복한 일이 생겼기 때문입니다. 저와 아내는 아이가 받은 돈은 아이 것이라는 생각했습니다. 그래서 이런 소중한 돈을 차곡차곡 모아서 나중에 아이들이 성장했을 때 얼마나 많은 사랑을 받았는지 알게 해주고 싶었습니다. 이 돈을 부모가 가지고 있게 되면 금세 쓰게 될 것이 분명하지만 통장에 넣어주고 돈을 주신 분들의 이름을 하나하나 써

놓으면 돈이 점점 더 크게 모일 뿐만 아니라 나중에 누가 주신 돈인지 잊어버릴 염려도 없기 때문이죠.

아이들의 첫 통장은 '주택청약통장'으로 만들었습니다. 꼭 아파트를 사라는 뜻에서라기보다 부동산의 중요성을 알려주고, 부동산을 소유하기 위해서는 돈을 모으는 습관이 우선되어야 한다는 것을 제일 먼저 알려주고 싶었기 때문입니다. 그렇게 유치원까지는 주택청약통장에 돈을 모아왔습니다.

시간이 흘러 유치원을 다니면서 아이에게 어느 정도 돈에 대한 인식이 생겼을 즈음 은행에 함께 가서 '수시 입출금통장'을 하나 더 만들었습니다. 주택청약통장은 입금은 자유롭지만 출금은 자유롭지 않았기 때문입니다. 그래서 큰돈은 쉽게 뺄 수 없는 주택청약통장에 넣어 미래를 대비하게 하고, 작은 돈은 수시로 입출금이 가능한 통장에 넣어놓고 은행을 자주 이용하면서 은행과 친해질 수 있게 해주었습니다. 그리고 이제부터는 지갑에 10만 원이 모이게 되면 80퍼센트인 8만 원은 주택청약통장에 넣고, 나머지 2만 원은 수시 입출금통장에 넣기로 했습니다.

주택청약통장은 계속 돈이 들어가기만 하는 반면 수시 입출금통장은 아이들의 휴대폰 요금이 출금되거나 돈을 빼서 쓸 수 있게 해놓았습니다. 그리고 주기적으로 ATM에 함께 가서 통장을 정리하면서 입출금 내역을 확인했죠. 이렇게 하는 이유는 나중에 아이가 컸을 때 무분별한 소비를 막기 위해서였습니다. 특히 할부, 구독, 렌탈 등 돈이 자신도 모르게 빠져나가는 소비 구조에 익숙해진다면 아무리 돈을 모아도 자연스럽게 돈이 흘러나가게 될 것이기 때문입니다. 이렇게 저는 아이들에게 통장을 쪼개어 저축하는 습관을 체계적으로 길러주고 있습니다.

사실 이 방법은 어머니께서 제가 어린 시절 알려주신 방법입니다. 저는 어려서부터 이 같은 방법으로 계속 돈을 모아왔고, 그러한 저축 습관이 성인이 된 지금까지도 자리 잡아 있습니다. 유치원 시절 100만 원이 모였을 때, 초등학생 시절 500만 원이 모였을 때, 대학생 시절 각종 아르바이트와 장학금으로 모은 돈을 더해 사회초년생 시절까지 모은 돈이 드디어 1억 원이 되었을 때 기뻐했던 기억이 아직도 선명합니다. 그렇게 오랜 기간 모은 돈을 가지고 부동산에 대해서 공부하고 투자한 덕분에 지금의 제가 있을 수 있었다고 생각합니다. 돈을 모으는 어려움과 기쁨을 알고 있었기 때문에 저는 그 돈으로 투자를 할 때 신중하게 접근하게 되었습니다. 어머니로부터 배운 돈 모으는 습관, 그리고 그 모든 돈으로 신중하게 투자하는 습관, 이

두 가지 습관을 저는 아이들에게 꼭 알려주고 싶었습니다.

 우리 아이들도 시간이 날 때마다 저와 함께 통장을 들고 현금
자동입출금기에 가서 입금도 하고 통장 정리도 합니다. 그럴
때마다 통장에서 숫자가 바뀌고 늘어가는 변화에 즐거워하고,
어떨 때는 단위가 바뀌기에는 약간 모자란 금액을 보며 아쉬워
하면서 더 열심히 돈을 모으고 불필요한 지출을 줄이겠다고 다
짐을 합니다. 아이들이 그동안 돈을 열심히 잘 모았다 생각되
면 저는 칭찬하면서 그 자리에서 추가로 용돈을 주기도 합니
다. 그렇게 하면 아이들은 신이 나서 더 열심히 저축을 합니다.
 저는 아무 이유 없이 아이들에게 용돈을 주지는 않습니다. 평
소에 부모가 너무 쉽게 용돈을 주면 아이들은 돈이 필요할 때마
다 부모의 눈치를 보거나 떼를 씁니다. 그러면 돈을 받아낼 수
있기 때문입니다. 반대로 아이들이 스스로 절약해서 돈을 모으
거나 작은 노동을 통해서라도 돈을 벌었을 때 용돈을 주면, 아
이들은 더욱 절약하고 올바른 소비습관을 갖게 될 것입니다.

 오늘도 아이들이 현금자동입출금기 앞에서 통장을 보며 뿌듯
해합니다. 그리고 저는 그런 아이들을 보면서 오랫동안 모아
온 그 종잣돈을 기반으로 훗날 아이들이 성공적인 투자자가 되
기를 꿈꿔봅니다.

· 목돈 모으는 통장, 작은 돈을 관리하는 통장 등 역할을 나누어 저축하는 습관을 길러줘야 합니다.

· 오랫동안 힘들게 돈을 모으고 관리하는 습관을 가진 아이는 성인이 되어서도 돈을 모으는 것이 얼마나 어려운지 알기에 무분별한 소비를 하지 않고, 절약을 하며, 투자할 때도 꼼꼼히 분석하고 공부하는 태도를 갖게 될 것입니다.

· 부모님이 절약하라고 백번 말하는 것보다 아이가 스스로 돈을 관리하는 습관을 들이도록 도와주는 것이 더욱 중요합니다.

◆ 함께 실천해보세요

자녀와 함께 은행에 가서 목돈 모으는 용도인 주택청약통장과 자유롭게 돈을 넣고 뺄 수 있는 수시 입출금통장을 만들어주세요. 그리고 현금자동입출금기에서 통장을 활용해 돈을 넣고 빼는 방법을 알려주세요. 이렇게 스스로 돈을 관리하고, 나아가 투자를 위한 종잣돈을 모으는 습관을 들일 수 있도록 도와주세요.

컨트롤 사이클Control Cycle 통제법

"이번 주는 계획했던 것보다 더 적게 썼어요!"

우리 가족은 주기적으로 아이들과 함께 용돈의 예산심의와 집행결과 보고를 합니다. 회사생활 경험이 있는 분이라면 잘 알고 계실 것입니다. 회사에서는 연말이 다가오면 내년에 부서에서 사용할 예산을 계획 및 승인 후에 해당 부서로 예산을 배정하죠. 그리고 매달 결산을 하면서 지난달의 예산을 계획에 맞게 제대로 얼마나 사용했는지 점검합니다. 어떤 계정에서 너무많은 비용을 사용했다면 그 계정은 다음 달에는 지출을 줄이거나, 지출을 줄이기 힘든 상황이라면 다른 계정에서 예산을 전용轉用하기도 하죠. 계속해서 예산을 초과해 사용할 경우에는 예산 추가가 매우 힘들어집니다.

아이들에게 계획적인 소비습관을 알려주는 데 있어 회사에서 하는 예산심의, 배정, 실행, 점검 등의 과정은 매우 유용합니다. 그러나 초등학생에게 회사에서처럼 계정을 모두 따지기 시작하면 너무 어려워하더군요. 그래서 저는 아이들의 눈높이에 맞춰 금액과 기간만 반영하기로 했습니다. 용돈을 어디에 어떻게 쓰겠다고 계획하고, 실행하고, 마지막으로 실제로 얼마를 어디에 썼는지 지출을 분석하는 방식으로 단순하게 짭니다. 그리고 이때 사이클이 너무 길면 아이들이 계획을 세우고 소비를 통제하는 것을 너무 어려워하니 우선은 일주일 단위로 시작하는 것이 좋습니다. 이 사이클은 다음과 같이 5단계로 구성됩니다.

1단계는 아이들과 일주일 동안 사용할 돈을 계산해보는 거죠. 학원비나 식비처럼 필수로 드는 비용, 아이들이 가지고 다니거나 관리하기에 금액이 너무 큰 돈은 부모가 직접 지출하는 것이 맞습니다. 처음부터 큰돈을 관리하게 되면 돈의 가치에 혼란이 생기거나 부담을 느낄 수 있기 때문입니다. 그래서 이러한 큰돈 외에 소소하게 아이들이 쓸 만한 돈을 함께 생각해보는 것이죠. 아이들에게 돈이 어디에 필요한지 묻자 주로 친구와 함께 소비하는 군것질, 학용품이나 준비물 정도를 생각해냅니다. 그럼 이 비용들을 포함해서 일주일분 용돈 예산을 세워봅니다.

2단계는 산정된 예산을 보고 금액의 적정성에 대해서 부모님과 아이가 같이 토론을 하는 것입니다. 예를 들어 아이가 과자 한 봉지를 2,000원으로 적었다면 어떤 과자를 사고 싶어서 2,000원을 요청했는지 물어보는 식으로 금액이 적절한지 하나씩 따져가는 것이죠. 그렇게 산정된 금액의 적정성이 확인되면 해당 금액의 80퍼센트 정도의 금액을 실제 사용이 가능한 예산으로 확정하고, 현금을 지급합니다. 아이들이 원하는 예산을 모두 현금으로 지급하면 절약의 필요성을 느끼지 못하고, 반대로 너무 부족하게 되면 불만이 쌓이기 때문에 그 중간인 80퍼센트 정도의 금액을 지급합니다.

3단계에서는 일주일이 지난 뒤 계획했던 돈을 어디에 어떻게 썼고, 얼마가 왜 남았는지 토론해봅니다. 이때 부모님은 아이 옆에서 용돈기입장을 함께 써보는 연습을 합니다. 많은 부모님이 용돈기입장 쓰기가 좋은 습관인 줄은 알아서 자녀에게 강제로 쓰게 하면서도 정작 어떻게 써야 하는지 자세히 설명해주거나 직접 보여주지는 않더군요. 그러나 용돈기입장에 작성되는 금액을 부모님이 함께 확인하지 않으면 안 됩니다. 기업에서도 회계감사가 있듯이 아이에게 맡겨 놓으면 결국 용돈기입장은 거짓으로 쓰인 분식회계장부가 될 확률이 높기 때문이죠. 부모님과 자녀가 함께 그 주에 사용한 용돈 내역을 쓰고, 초반에 너무 많은 소비를 했다면 아이가 그것을 잘 배분해서 용도에 맞게 쓸 수 있도록 지도를 해줘야 합니다.

4단계는 남은 돈을 처리하는 단계입니다. 돈이 부족한 경우도 있지만 아껴서 남는 경우도 있을 것입니다. 이때 돈이 남았다고 다시 빼앗거나 다음 주 사용할 돈으로 남기면 안 됩니다. 그러면 아이들의 절약 의지가 줄고 계획의 의미가 희미해집니다. 돈이 남았으면 일단 칭찬을 해주고 그 남은 돈에 일부를 더 보태어 아이들 명의의 수시 입출금통장에 입금을 하게 합니다. 현재 하고 싶은 소비를 미루고 저축할수록 미래에 더 큰 기회가 찾아온다는 것을 직접 느끼게 해주기 위해서입니다.

5단계는 위에 설명한 일주일 단위의 4단계 사이클이 안정적으로 진행되어 조금씩 사이클의 기간을 늘려가는 단계입니다. 일주일이라는 단기 사이클 동안 돈을 계획하고, 소비하고, 저축하는 습관이 어느 정도 익숙해진 이후에는 2주 단위로 기간을 늘려갑니다. 그다음에는 사이클을 한 달 단위까지 늘려나갑니다. 기간이 늘어날수록 소비를 통제하고 계획하는 아이의 능력은 눈에 띄게 늘어날 것입니다.

아이들의 소비 통제력을 기르기 위해 주기적으로 계획하고 확인하는 이 기법을 '컨트롤 사이클Control Cycle 통제법'이라고 부르기로 했습니다. 이는 실제로 건설을 하는 프로젝트 현장에서 공사의 진행 상황을 평가하고 계획하면서 비용까지 조정하는 과정을 일컫는 말입니다. '컨트롤 사이클 통제법'을 통해 아이들의 투자 프로젝트가 성공의 문턱에 한 걸음 더 가까워질 것 같은 느낌입니다.

정리해볼까요

· 부모님이 한 달에 얼마씩 아무 이유 없이 용돈을 주거나 친구들이 얼마를 받기 때문에 그것에 맞춰 용돈을 준다면 아이들은 돈에 대한 기준을 주변 사람들과의 비교를 통해 생각하게 됩니다.

· 그렇게 되면 돈에 대한 자신만의 기준이 없이 자신보다 돈이 많은 주변 사람을 부러워하는 삶을 살게 될 것입니다.

· 따라서 아이들에게 돈에 대한 기준과 통제력을 심어주기 위해서는 정확한 지출 내역을 예상하고, 그에 맞게 용돈을 주기적으로 배정해 주는 것이 좋습니다. 마치 회사에서 예산을 짜고 집행하는 과정처럼 말이죠.

◆ 함께 실천해보세요

아이와 함께 '컨트롤 사이클 통제법'을 단계적으로 진행해보세요. 첫 일주일은 너무 힘들고 실패할지도 모릅니다. 저희도 그랬으니까요. 그래도 아이들과 함께 계속 시도해보면서 교육해주세요. 단, 부모의 경제교육이 반복적으로 강요하는 방식이 되면 역효과가 날 수 있기 때문에 천천히 진행해야 한다는 점을 잊지 마세요.

시간과 돈을 갉아먹는
스마트폰 알고리즘 퇴치하기

"우리 반에 스마트폰 없는 사람이 나밖에 없어요. 나도 스마트폰 사주면 안 돼요?

부동산 교육과 투자가 직업인 저는 우리 아이들이 투자의 대가 워런 버핏처럼 어린 시절부터 돈 계산하는 머리가 비상해서 스스로 장사와 투자까지 할 줄 아는 어린이가 되었으면 했습니다. 하지만 우리 가족 역시 평범한 사람들의 피가 흐르는 집안임을 알게 되는 데는 오랜 시간이 걸리지 않았죠. 아이들은 유치원 때까지 돈에 대한 개념을 잘 잡지 못했습니다. 생각해보면 돈의 필요성을 느낄 수가 없었기 때문인 것 같습니다. 요즘 아이들은 부모 세대의 어린 시절처럼 군것질거리가 귀하거나 놀거리가 부족하지도 않고, 그렇다고 옷을 못 입지도 않죠. 저는 이렇게 풍족한 환경이기에 더욱 아이들이 투자하는 습관을 일찍 들일수록 좀 더 경쟁력 있는 사람이 될 것이라고 생각했습니다.

저는 아이들이 어릴 적부터 이 책에서 소개한 다양한 방식으로 교육을 하고 있습니다만 역시 부모가 한번 이야기한다고 바로 실행되는 것은 없습니다. 시간과 노력이 필요하고 인내를 갖고 하나하나 실행해야 하는 것이죠.

용돈 습관은 초등학교 입학 전후가 되어서야 어느 정도 정착이 되었습니다. 돈의 개념이 명확하지 않은 아이들이 돈에 대한 필요성을 느끼기 전에 돈부터 주면 부족한 것 모르고 소비하는 습관이 들기 쉽습니다. 처음에는 월급처럼 주려고 하다가 돈에 대한 통제력도 연습이 필요할 것 같아 주급으로 바꾸었습니다. 친구들과 등하교하면서 필요한 것이나 먹고 싶은 것이 있으면 돈을 모아서 사 먹으라는 의미로 매주 월요일마다 천 원씩 주는 걸로 아이와 합의했습니다. 그러나 가끔 월요일에 돈을 주는 것을 깜빡하기도 했죠.

"이번 주 돈 안 받았어요! 왜 안 주셨어요?"

"네가 달라고 해야 주지. 세상에 가만히 있는 사람에게 돈을 주는 곳은 없어."

"그래도 월요일이면 줘야죠."

"그러면 네가 달력에 적어놓고 월요일마다 꼭 달라고 해. 알았지?"

이렇게 아이가 요청을 하지 않으면 저는 용돈을 주지 않았습니다. 회사를 다닐 때 느낀 것 중 하나는 매달 자신이 받는 월급이 당연히 들어오는 것이라고 생각하는 사람일수록 업무 성과도가 낮았다는 사실입니다. 그만큼 경쟁에서 뒤처지는 것은 당연한 결과였습니다. 또한 남의 돈을 받는 것을 쉽게 생각하는 사람은 자신의 돈을 지키는 것도 쉽게 생각하고, 그런 사람일수록 성인이 되어서도 경제적 자립심은 낮습니다. 그래서 저는 아이들이 직접 요청을 하기 전에는 절대 돈을 먼저 주지 않고 있습니다.

시간이 흘러 아이가 초등학교 3학년이 되자 스마트폰을 주게 되었습니다. 3학년 중반을 넘어서면서 아이가 스스로 친구들끼리 연락을 하면서 학원을 같이 다니거나 만나서 노는 일이 잦아졌고, 중간에 부모도 아이들과 연락을 해야 할 필요가 생겼기 때문이죠. 그러나 아직 아이의 스마트폰 통제력이 부족하다고 생각했습니다. 그래서 예전에 쓰던 구형 스마트폰을 포맷한 다음에 모바일이 안 되게 설정하고, 인터넷과 유튜브 어플을 삭제한 후 아예 깔지 못하게 해놓았습니다. 전화와 문자만 할 수 있게 만들었죠.

아이가 모바일 인터넷 환경에 무분별하게 노출되는 순간 스스로 세상을 바라볼 수 없고, 알고리즘의 유혹에 쉽게 빠져버립니다. 그렇게 스마트폰 속 영상에 빠지게 될수록 알고리즘이 만들어주는 흥미롭고 자극적인 세상이 눈앞에 펼쳐지게 됩니다. 더 이상 자신의 눈으로 직접 세상을 보고 판단할 수 있는 기준 자체를 설정할 수 없게 되죠. 실제로 페이스북의 창업자 마크 저커버그, 마이크로소프트의 빌 게이츠, 애플의 스티브잡스까지도 자녀들의 스마트폰 사용을 통제하고, 14세가 되어서야 스마트폰을 쓸 수 있게 해준 것은 저와 비슷한 이유였을 것이라고 생각합니다. 이것은 성인이 되어서 투자를 할 때도 중요하게 적용됩니다. 알고리즘의 추천에 익숙한 사람들은 광고의 유혹에 쉽게 빠지지만 스스로 판단할 수 있는 기준을 가진 사람일수록 그렇지 않기 때문이죠.

"엄마, 아빠가 네가 그토록 바라던 스마트폰을 줄 건데 조건이 있어. 인터넷이나 영상까지 되는 스마트폰은 줄 수가 없어. 아직 네가 배워야 할 것들은 스마트폰 안에 없고 세상에 더 많기 때문이야. 그래서 사람들과 연락을 하면서 더 넓은 세상을 다닐 수 있게 문자와 전화만 되는 걸로 줄 거야. 그래도 괜찮다면 줄게."

"네, 알겠어요."

"그리고 네가 스마트폰을 가지고 다닌다는 것은 매달 요금이 나온다는 의미야. 그러니 요금도 매달 네가 납부해야 해."

"제가요?"

"네 스마트폰이고 네가 쓰는 거니깐 돈도 네가 내야지. 대신에 엄마, 아빠가 도와주긴 할 거야. 원래 받던 용돈이 매주 천원이었잖아. 그걸 매달 만 원으로 올려줄게. 그 대신 휴대폰 요금이 매월 4,000원이 나올 거고, 그 요금은 이 통장에서 빠져나갈 거야. 그러니깐 이 통장에는 엄마와 아빠가 주는 용돈을 너 스스로가 항상 모아놔야 해. 돈이 부족하면 스마트폰은 정지될 거야. 그러니깐 네가 만약 이번 달에 통화를 많이 했다고 생각하면 다른 소비를 줄여서 그 돈을 통장에 넣어두고 예정된 지출에 대비해야 하는 거야."

"알겠어요."

이렇게 한 이유는 돈에 대한 통제력을 길러주고, 소비의 책임에 대해서 알게 해주기 위함이었습니다. 다행히 아이는 이 제안을 잘 이해하고 받아들였습니다. 핸드폰은 알뜰폰으로 개통

했기 때문에 기본요금은 월 5,000원 이하였지만 통화와 문자를 많이 이용할수록 추가요금이 붙게 되어 있었습니다. 이를 통해 아이가 소비 활동에 대해 스스로 책임을 지는 연습을 시켰습니다. 물론 앞에서 말한 대로 유튜브 시청, 인터넷 검색, 게임 어플은 모두 설치 못 하도록 통제 설정을 해놓았죠. 초등학교 3학년 때부터 시행했던 이 제도는 5학년이 되는 지금까지도 잘 시행되고 있습니다. 스마트폰 영상을 통제하고 책임감 있게 요금을 직접 납부하게 한 덕분에 그동안 아이는 모바일 환경에 무분별하게 노출되지 않고 스스로 소비를 조절할 수 있게 되었습니다.

정리해볼까요

- 초등학교 저학년 때는 아직 돈에 대한 생각이 정립되어 있지 않습니다. 돈뿐만 아니라 시간과 소비에 대한 통제력도 약합니다.
- 돈에 대한 통제력과 소비에 대한 책임감을 길러주기 위해 1학년 때는 매주 용돈을 주면서 돈에 대해서 알려주었고, 3학년 때부터는 휴대폰을 사주면서 직접 요금을 납부하고 책임지게 하면서 매월 용돈을 주는 방식으로 바꾸었죠.
- 아이들의 통제력은 아직 부족하기 때문에 휴대폰은 통화와 문자만 되게 해놓았습니다.

아이는 시간이 갈수록 돈에 대해서 알게 되고, 그에 따라 자연스레 소비의 즐거움에 대해서도 알게 됩니다. 부모 입장에서 자녀에게 모든 것을 다 해주고 싶겠지만, 자녀가 성인이 되어서 올바른 소비를 할 수 있게 하기 위해서는 어릴 때부터 소비에 대해서 스스로 책임지고 통제할 수 있는 능력을 길러줘야 한답니다.

즐겁게 소비를 기록하는 '기분칠판'

"오늘의 기분은 ^v^"

"오늘 피아노학원 몇 시에 가지? 오늘 태권도 가는 날이야?"

"아빠는 내가 몇 번을 말해줘야 해요? 피아노학원은 태권도 갔다가 다섯 시에 갈 거구요, 태권도는 월요일, 목요일, 금요일 에 간다고 칠판에 쓰여 있잖아요."

저는 아이들이 몇 시에 어느 학원을 가는지 매일 물어보는 것 같습니다. 제가 기억을 잘 못해서 그런 것도 있지만, 더 중요한 점은 아이들이 스스로 자기 시간을 통제하는 법을 알아야 하기 때문이죠. 생활계획표라는 것을 기억하실 거예요. 요즘도 어린이집이나 유치원, 초등학교에서 방학이 되면 아이들이 생활계획표를 만들고 있답니다. 예전과 방식은 똑같아요. 24시간 시계를 원으로 만들어서 시간대별로 나누고 오늘 할 일을 적는 것입니다. 마치 피자를 나누는 것처럼 시간을 나누죠.

그런데 이런 생활계획표에는 단점이 있습니다. 모든 요일에 아이들이 해야 할 일이 똑같지 않을뿐더러 기분도 상황에 따라 다른데 매일매일이 똑같은 계획을 짜고 있다는 것입니다. 어른조차도 매일 반복되는 일상이라면 힘들고 지루할 텐데 아이들에게 매일 똑같은 하루를 강요하는 것 같아 마음이 불편합니다. 생활계획표처럼 생긴 피자도 사람마다 취향이 다르고 요즘은 한 판에 네 가지 맛이 나는 피자도 나오는 시대인데 말이죠. 또한 생활계획표는 시간에 맞춰 가야 할 곳을 알려줄 수 있지만 구체적으로 어떤 행동을 해야 하는지, 그에 맞춘 자금 계획은 어떻게 되는지 알려주지 못합니다.

그래서 우리 집은 생활계획표 대신 아이들 방에 화이트보드를 걸어두었습니다. 그리고 화이트보드 위에 월요일부터 일요일까지 7칸을 세로로 나누었죠. 세로에는 요일, 가로에는 시간대별로 가는 곳, 할 일, 돈, 기분을 써놓았습니다. 말하자면 다음과 같이 생긴 모양의 표가 칠판에 기본으로 쓰여 있고, 그 안에 이런저런 내용을 채워 넣는 것입니다. 회사에서 작성하는 주간업무보고 형식과 비슷하지만 아이들의 교육을 위해 간단하고 명료하게 만든 것이지요.

	시간 가는 곳	할 일	돈	기분
월	9-2: 학교 3-4: 바이올린 4-5: 태권도	수학 1장 일기 한자공부	-	🙂
화	9-2: 학교 3-4: 방과 후 4-5: 태권도	수학 1장 일기	+500 분리수거	😐
수	9-1: 학교 3-4: 방과 후 4-5: 태권도 5-6: 피아노	수학 2장 한자공부	+1000 집안일	😐
목	9-1: 학교 2-3: 배드민턴 5-6: 피아노	수학 2장 일기 친구와 게임	-500 각도기	🙂
금	9-2: 학교 3-4: 수학 4-5: 태권도	일기 한자		
토		게임 일기		
일	10-12: 체육	게임 일기		

이렇게 표를 만들어 놓고 일주일 동안 아이들이 시간대별로 가야 할 곳을 적습니다. '12~1: 점심 먹기', '7: 씻기'처럼 매일 반복되는 일상적 행동은 적지 않습니다. 회사 보고서와 마찬가지로 의미도 없이 글자 수만 많다고 좋은 것은 아니기 때문이죠. 그리고 할 일에는 아이들이 해당 요일에 꼭 해야 하는 학교 숙제나 부모가 내준 과제들을 적습니다.

이 두 가지는 길게는 한 달까지 크게 바뀌지 않고 예상 가능한 일들입니다. 학교 숙제는 당연히 해야 하는 것이고, 부모가 내준 숙제 역시 사전에 아이들과 협의를 한 내용이겠죠. 할 일 항목에 독서는 적지 않기로 했습니다. 독서는 공부가 아니라 당연한 일이기 때문입니다. 또한 독서가 아이들이 반드시 해야 할 일이 되어버리면 오히려 거부감이 들 수 있다는 점도 걱정이 되었습니다. 그 대신 부모가 집에서 책을 보는 모습을 많이 보여주면 아이들은 자연스럽게 따라하게 됩니다.

이렇게 일주일 계획을 화이트보드에 쓰고 난 뒤에 매일 있었던 일을 업데이트합니다. 오늘 갑자기 친구와 약속을 하고 놀았다면 그 내용을 추가하죠. 그리고 할 일 항목에서 오늘 한 것은 ∨ 표시를 해놓습니다. 계획표에 쓰여는 있지만 오늘 하지 않은 일이 있으면? 다음 날에 그것까지 해야 합니다. 이렇게 눈에 보이면 아이들은 숙제가 밀렸다는 사실을 잊지 않고 오늘 해야 할 일을 하지 않으면 내일이 몹시 피곤해진다는 것을 자연스럽게 알게 됩니다. 실제로 우리 아이들은 이 칠판을 만들고 나서부터는 숙제를 밀리는 일이 거의 없어졌습니다. 내일이나 모레처럼 가까운 미래에 해야 할 일이 생긴다면 그것도 **빼놓지 않고** 적어둡니다.

다음은 오늘 받은 용돈이나 소비한 돈에 대해서 적어놓는 돈 항목입니다. 화이트보드에 이미 오늘 했던 일들이 적혀 있기 때문에 어떤 상황에서 돈을 받았고 어디에 썼는지 쉽게 기억할 수 있습니다. 그렇게 쓰다 보면 자연스럽게 용돈기입장이 완성이 되죠. 용돈기입장은 노트를 펴서 작은 글씨로 써야 합니다. 특히 수학문제집 같은 느낌이 들어서 쉽게 친해지기 힘들고, 시작했다고 하더라도 지속하기 힘들죠. 하지만 화이트보드로 시작하면 아이들에게 조금 더 쉽게 시간과 돈에 대해서 교육할 수 있습니다. 그리고 마지막으로는 그날 기분이 어땠는지를 얼굴 표정 그림으로 그려 놓습니다.

이렇게 아이들 방의 벽에 붙여놓은 '기분칠판'은 시간을 계획하는 능력을 길러줍니다. 나아가 시간에 맞춰 실천하는 방법을 알려주고, 아이가 스스로 해야 할 일에 대한 책임감을 갖게 해주죠. 돈을 저축하거나 소비하는 과정과 오늘 하루의 자기 감정을 스스로 돌아볼 수 있는 계기를 마련해주기도 합니다.

정리해볼까요

· 경제교육과 함께 해야 하는 교육은 바로 시간 관리 교육입니다. 돈은 잃어버려도 다시 벌 수 있지만 시간은 잃어버리면 다시 돌이킬 수가 없는 중요한 요소이기 때문이죠.

· 아이들에게 시간의 개념을 돈과 함께 알려주는 '기분칠판'을 만들어보세요.

· '기분칠판'에 첫 번째 써넣어야 할 것은 '시간'과 '가는 곳'입니다. 약속의 중요성을 알려주는 것이죠.

· 그다음에 '할 일' 체크리스트를 만들어 성실성과 책임감을 길러줍니다.

· '시간', '가는 곳', '할 일'을 '돈'에 앞서 기록하는 이유는 신뢰와 성실성이 경제교육보다 중요하기 때문입니다. 시간개념과 성실성, 책임감이 없는 상태에서 경제교육만 중요시한다면 성인이 되었을 때 돈을 많이 벌 순 있어도 그 돈과 주변 사람들을 지키는 것은 어려울 수 있습니다.

◆ 함께 실천해보세요

작은 화이트보드로 '기분칠판'을 만들어주세요. 처음에는 표 안에 무언가를 써넣는 것이 귀찮을지 모릅니다. 하나하나 쓰는 항목을 늘려나간다는 생각으로 천천히 진행해야 하고, 표 중간에 우스꽝스러운 그림을 같이 그리는 것도 흥미를 높일 수 있는 방법입니다.

2장

. . . .

투자의 기초,
'가치 판단'을 배워요

. . . .

학교에서는 배우지 못한 노동의 가치

"청소나 설거지는 할 때마다 천 원씩 주면서 왜 숙제는 돈을 안 주세요?"

퇴근 후에 집안일을 하는 것은 여간 귀찮고 힘든 일이 아닙니다. 만원 지하철을 타고 힘들게 집에 와서 바로 저녁식사 준비를 하고 설거지를 한다고 해서 나머지 시간에 쉴 수 있는 것은 아닙니다. 자녀들이 커갈수록 빨래도 자주 해야 하고 집안 정리와 청소도 늘어납니다. 그렇게 집안일을 하다 보면 부모 입장에서 쉴 시간은커녕 자녀와 대화할 시간조차 부족하게 되죠. 시간만 없는 것이 아닙니다. 집안일을 하고 나면 지쳐서 가족끼리 이야기를 나눌 마음의 여유조차 사라져버립니다.

이 문제를 해결하기 위해 우리 집은 아이들이 집안일을 할 때마다 그 노동에 대한 대가를 지불하고 있습니다. '집안일 가격표'가 거실에 붙어 있지요. 부모 입장에서는 집안일을 덜어서 좋고, 자녀 입장에서는 단순히 엄마 아빠가 시켜서 억지로 심부름을 한다는 개념에서 벗어나 자신의 노동력을 투입했을 때 자본으로 대가를 받는 시장의 논리를 알게 됩니다. 또한 돈이 필요한 목적이 명확해지면 아이들은 더 자발적으로 부모의 일을 돕게 됩니다. 목적 없이 자녀에게 용돈을 주는 것보다 이렇게 하는 것이 사회에 나가서도 시장경제를 이해하는 데에 훨씬 큰 도움이 되죠.

집안일 가격표에 1,000원짜리 집안일은 설거지, 집 청소, 분리수거, 화장실 청소, 엄마아빠 10분간 안마해주기 등이 있습니다. 1,000원짜리 집안일을 두 형제가 협력해서 하는 경우 600원씩 나눠서 줍니다. 1,000원을 두 명으로 나누면 500원이 아니라 600원인 이유는 그만큼 사람들 사이의 협력을 통한 시너지 효과를 보여주기 위해서입니다. 그래서 혼자 하기 힘든 일이 있으면 서로 도울 때 더 높은 성과를 보여준다는 것을 알려주고 있습니다. 그 외에 화분 물 주기, 신발 정리, 등굣길에 쓰레기 버리기 등 손쉽고 간단히 할 수 있는 집안일은 100원입니다. 이 금액은 아이들과 대화를 하면서 정한 것이고 금액을 책정한 엄연한 기준이 있습니다.

"아빠, 설거지하면 얼마 줄 거예요?"

집안일 가격표 금액을 책정할 때 아이가 한 질문에 저는 이렇게 답해주었습니다.

"우리나라에서 사장님이 직원에게 일을 시켰을 때 그 직원에게 가장 적게 줄 수 있는 돈을 최저임금이라고 해. 지금 우리나라의 최저임금은 한 시간에 약 만 원이란다. 그럼 30분 일하면 얼마를 받을 수 있을까?"

"당연히 5,000원이죠!"

"맞아. 그래서 만약 10분 동안 일을 하면 5,000원의 3분의 1인 약 1,700원을 받을 수 있어. 그런데 너희가 설거지를 하면 몇 분 정도 걸리는지 봤더니 10분 정도 걸리더라."

"그럼 우리도 설거지할 때 10분 걸리니까 1,700원 주세요."

"그런데 1,700원은 어른들이 일을 했을 때 받는 노동의 대가인데 너희들은 아직 어린이라서 어른처럼 설거지를 잘하지 못하니까 1,000원으로 정하는 건 어떨까? 너희가 한 설거지 상태를 보고 어른처럼 잘하게 되면 그때 돈을 올려줄게."

"알겠어요."

"그리고 신발 정리나 쓰레기 버리기는 1분도 안 걸리는 작은 일이니 100원으로 정하자."

이 말에 아이들은 만족스럽게 수긍하면서 집안일 가격표를 만들었습니다. 그러자 둘째 아들이 한참을 고민하더니 입을 열었습니다.

"그럼 숙제하기랑 가방 싸기, 학원 가기 모두 시간에 맞춰서 용돈을 주세요."

"집안일을 하면 용돈을 주는 이유는 너희가 집안일을 도와주면 엄마, 아빠의 시간을 절약해줄 수 있기 때문이야. 그래서 절약한 시간만큼 엄마, 아빠는 다른 일을 해서 돈을 벌거나 내일을 준비할 수 있는 시간을 갖기 때문이지. 그런데 숙제하기, 가방 싸기, 학원 가기 같은 것은 반드시 너희가 해야 하는 일이야. 너희들 자신의 발전을 위한 일이고, 너희들이 학교 간 사이에 엄마, 아빠가 일을 하는 것처럼 자신의 역할에 맞게 당연히 해야 하는 거야. 너희들이 숙제를 한다고 해서 엄마, 아빠가 그 시간에 또 다른 일을 할 수 있는 것도 아니고, 반대로 너희가 숙제를 안 한다고 해서 엄마, 아빠가 숙제를 대신해서 선생님께 가져갈 수도 없는 일이잖아."

이렇게 아이들은 하나를 알려주면 또 연관된 다른 것들을 생각하고, 어른들에게 제안을 하기도 합니다. 그때마다 무조건 '돼', '안돼"로 부모가 결정짓기보다 사회적 기준과 아이들이 이해하기 쉬운 일상의 비유를 통해서 자세히 설명을 해줘야 합니다. 그래야 자녀들도 책임감 있게 자신의 일을 하면서 그 기준을 따르게 될 것입니다.

집안일 가격표

100원	1,000원
-화분 물주기	-설거지 -청소
-신발정리	-안마 -심부름 마트
500원	10,000원
-분리수거 전부	-손세차

자기 방은 자기가 알아서!

정리해볼까요

· 집안일을 모두 부모가 하고, 아이들에게는 '너희는 들어가서 공부나 열심히 해'라는 교육방식은 가족간의 대화를 단절시킬 뿐만 아니라, 아이들에게 노동의 가치를 알려줄 수 있는 기회마저 빼앗아갑니다.

· 자신의 노동에 대한 가격을 책정할 수 있어야 노동의 가치를 이해할 수 있습니다.

◆ 함께 실천해보세요

아이들이 할 수 있는 집안일 혹은 심부름 목록을 표로 작성해 식당의 메뉴판처럼 벽에 붙여 놓으세요. 우리는 그것을 '집안일 가격표'로 부르기로 했습니다. 이 모든 과정에서 대화를 통한 협상은 필수랍니다.

중국집에서 배우는 가격과 가치

"짜장면은 8,000원인데, 탕수육은 3만 원이나 하네요. 너무 비싸요."

아이들과 중국집에 가는 것은 항상 즐겁습니다. 제가 아직 초딩 입맛이라서 짜장면을 좋아하기도 하지만, 맛있게 먹는 아이들의 모습을 보는 부모의 마음만큼 행복한 일도 없기 때문일 겁니다. 그렇게 가게에 들어가면 짜장면은 당연히 시키지만 아이들은 아빠의 눈치를 살살 보다가 꼭 한마디를 덧붙이죠.

"그런데 탕수육도 시키면 안 돼요?"

흔쾌히 탕수육을 시켜주는 것도 좋지만, 저 역시 아이들에게 질문을 하죠. 아이들이 무언가를 원할 때는 그에 맞는 경제교육을 하기에 아주 적합한 시기입니다. 눈앞에 보이는 사물이나 목적이 없는 상태에서 주입식으로 경제교육을 하면 아이들은 이해하기 어렵기 때문입니다.

"탕수육은 얼마야?"

"3만 원, 2만 5,000원, 2만 원이라고 써 있어요."

"맞아. 가장 많은 탕수육이 3만 원이구나. 그럼 짜장면은 8,000원이니까 가장 많은 탕수육 대신 짜장면을 먹으면 몇 그릇을 먹을 수 있지?"

"팔삼이십사…… 짜장면을 세 그릇을 먹고도 남네요. 탕수육은 비싸구나……."

"가격만 보면 탕수육이 비싸지. 그럼 탕수육은 왜 짜장면보다 비쌀까?"

"고기가 더 많이 들어있으니까요."

"그래, 어떤 물건에 가격이 결정되는 데는 다 이유가 있어. 밀가루로 만드는 짜장면보다 탕수육은 고기가 많이 들어가니까 그만큼 재료비가 비싸겠지? 그래서 비싼 거야. 또 다른 이유가 있을까?"

"더 맛있으니까?"

"맞아. 짜장은 삶은 면에 소스를 부어서 주면 되는데, 탕수육은 고기를 하나하나 튀기고, 소스를 따로 끓여야 하거든. 그만큼 만드는 데 요리사의 노력이 더 들어가지. 짜장면을 만드는 것보다 맛있는 탕수육을 만드는 게 더 어려워. 이렇게 비싼 고기의 재료비에 인건비가 추가된 거란다. 또 왜 비쌀까?"

"또 이유가 있어요?"

"짜장면은 각자 앞에 놓고 5분이면 먹을 수 있지? 그런데 탕수육은 어때? 혼자 먹기보다는 식탁 가운데에 큰 그릇을 놓고 함께 먹잖아. 그렇게 모인 사람들이 함께 탕수육을 먹으면 더 많은 이야기를 하게 되겠지? 즉, 짜장면만 먹는 사람들보다 탕수육을 함께 시켜 먹는 사람들은 더 오래 식당에 머물게 되는 거야. 그래서 식당을 이용하는 시간까지 더해져서 탕수육 가격이 짜장면보다 비싸게 정해진 거야."

"알겠으니까 탕수육 시켜줘요."

아이들도 어느 정도 이해를 한 것처럼 보였고, 무엇보다 배고픈 상태에서 계속 이야기를 하면 표정이 안 좋아질 것 같아 결국 탕수육을 시켰습니다. 탕수육을 가운데 놓고 서로 이야기도 하면서 먹어야 하는데, 역시 아들만 있는 집의 식사자리는 대화는커녕 허겁지겁 젓가락을 부딪히면서 먹기 바빴습니다. 그렇게 식사를 마치고 만족스러운 표정을 하고 있는 아이들에게 저는 또 이야기를 시작했죠.

"맛있었니?"

"여기 진짜 맛있네요."

"아까는 탕수육 가격을 짜장면과 비교해서 비싸지만 비싼 가격을 받을 수밖에 없는 이유에 대해서 설명했는데, 진짜 이 탕수육이 싼지 비싼지를 판단하기 위해서는 이 음식을 사 먹는 사람들이 돈을 얼만큼 가지고 있는지가 중요해. 예를 들어서 아빠가 하루에 300만 원을 번다고 생각을 해봐. 그럼 이 탕수육 가격은 비싸게 느껴질까?"

"우와— 하루에 300만 원 벌면 3만 원은 쉽게 사 먹죠."

"그런데 아빠가 하루에 3만 원을 번다면 이 탕수육을 쉽게 사 먹을 수 있을까? 아마 어렵겠지? 왜냐하면 하루에 3만 원을 버는 사람에게 3만 원짜리 탕수육을 사 먹는 일은 그 사람의 하루를 탕수육과 바꿔야 할 정도로 큰돈이기 때문이야."

"그럴 수도 있겠네요."

"그래서 어떤 물건의 가격이 싼지 비싼지를 판단하려면 그 물건 자체의 가격을 보고 판단하기도 하지만 동시에 그 물건을 살 사람들의 소득도 함께 보고 판단해야 해. 그런 이유에서 똑같은 탕수육이라도 집 앞에 있는 중국집에서는 3만 원이지만 돈이 많은 사람들이 많이 사는 동네의 중국집에서는 5만 원이 되기도 하는 거야. 그 사람들은 5만 원을 그렇게 비싸게 느끼지 않을 수 있거든. 반대로 소득이 높지 않은 사람들이 많이 사는 동네에서 탕수육을 팔기 위해서는 그만큼 가격이 낮아져야 하는 거지."

이렇게 우리는 탕수육 한 접시를 앞에 두고 상품과 서비스의 가격이 형성되는 원리, 가격의 적정성을 판단하는 방법, 그리고 소득 수준에 따라 체감할 수 있는 가격의 크기에 대해서 이야기를 할 수 있었습니다.

정리해볼까요

· 어떤 물건의 가격이 정해지기 위해서는 세 가지의 복합적인 요소가 작용을 합니다. 그 물건이 만들어지기까지의 원가와 노동력, 비슷한 물건의 가격, 그리고 그 물건이 소비자에게 줄 수 있는 가치가 바로 그 세 가지입니다.
· 부동산의 가격 형성 원리와도 동일해서 이 원리를 토대로 가격을 판단하는 평가가 이루어진답니다.

◆ 함께 실천해보세요

아이들과 외식을 한다면 꼭 메뉴판을 보면서 어떤 메뉴가 왜 비싼지에 대해서 아이들이 스스로 궁금해할 수 있도록 해주세요. 물건별로 다른 가치를 가지고 있고, 그에 맞는 가격이 형성되는 원리가 숨어 있기 때문이죠. 그리고 그 것을 자신이 가지고 있는 돈의 상황에 맞춰서 비교할 수 있어야 아이들이 성장해서 본인의 수준에 맞는 합리적인 소비를 할 수 있게 될 것입니다.

회전초밥집의 경제학:
부가가치의 중요성

"회전초밥집은 왜 음식을 작은 접시에 딱 하나 올려놓고 파는 거예요?"

아이들은 회전초밥집을 매우 좋아합니다. 요즘 들어 제일 먹고 싶어 하는 외식 메뉴에는 항상 회전초밥집이 상위권을 차지하고 있을 정도입니다. 외식이라고 하면 돈가스나 고깃집을 주로 가던 아이들이 어느 날은 회전초밥집이 다른 식당들과 다른 무언가가 있다고 느꼈나 봅니다. 회전초밥집에 들어가면 쉴 새 없이 움직이는 레일 위에 올려진 동그랗고 알록달록한 접시가 먼저 눈을 사로잡습니다. 그리고 그 접시 위에서 예쁜 모습을 하고 누워 있는 단 한 개의 초밥이 아이들의 눈동자를 쉴새 없이 움직이게 하죠. 요금은 접시의 색깔에 따라 부과됩니다. 회전초밥집은 음식 자체가 화려하고 맛있기도 하지만 뷔페처럼 다양한 음식을 선택해서 먹을 수 있는 장점도 가지고 있습니다. 그뿐만 아니라 뷔페처럼 음식을 담기 위해 손님들이 직접 움직일 필요도 없고, 여러 사람의 손을 타서 청결하지 못할 수 있다는 단점도 해결해주죠.

아이들이 흥미를 느끼는 장소가 있다면 저는 함께 눈으로 볼 수 있는 직관적인 현상에 대해서 묘사하듯이 설명을 해줍니다. 시각 정보를 텍스트화하여 교육하는 방식입니다. 이렇게 그림과 같은 어떤 장면이 텍스트로 변환되면 아이들 머릿속에서 기존에 기억하고 있는 다른 지식들과 논리적인 결합이 가능해집니다. 그래서 저는 이 회전초밥집의 한 장면, 즉 연어초밥 한 점을 꺼내서 경제 논리의 하나인 '부가가치'와 결합하여 설명해주기로 했습니다.

"초밥을 한 점씩 접시에 올려서 파는 이유는 뭘까? 바로 이 연어 한 점에 대한 부가가치를 최대한 끌어내기 위해서야."

그러자 역시 아이가 물어봅니다.

"부가가치가 뭐예요?"

"우리가 보석을 보면 가치 있다고 표현하잖아. 그렇게 좋은 가치가 어떤 물건에 더해진 것을 부가가치라고 하는 거란다. 마트에 가면 연어를 어떻게 팔지? 여러 점을 묶어서 팔잖아. 그 여러 점을 한 점씩 떼어서 맛있는 초밥을 만들고, 또 그것을 예쁜 접시에 담아서 이렇게 제공하면 연어 한 점이 우리가 먹기 편하게 그리고 이쁘게 바뀐 거잖아. 그게 바로 부가가치가 더해진 거야."

"부가가치가 더해지면 뭐가 좋아요?"

"응. 어떤 물건에 부가가치를 더하지 않고 그냥 팔면 내가 그 물건을 사 온 가격보다 더 높은 가격을 더해서 팔 수가 없어. 예를 들어 아빠가 연어 한 마리를 만 원 주고 사 왔는데 그대로 2만 원에 팔면 사람들은 굳이 아빠가 가진 연어를 2만 원 주고 사지 않을 거야. 만 원에 파는 사람을 찾아가서 사지. 그렇게 남들과 똑같이 해서는 돈을 벌 수가 없는 거지. 그럴 땐 달라져야 해. 이렇게 연어를 손질하고, 초밥으로 만들고, 이쁘게 꾸며서 팔수록 남들과 다른 상품이 되는 것이고, 그게 바로 부가가치가 더해지는 거야. 그렇게 남들과는 달라야 남들보다 더 높은 가격에 팔아서 돈을 더 벌 수 있는 거지."

"그럼 부가가치가 커질수록 돈을 많이 벌 수 있는 거겠네요."

"그렇지. 만약 아빠가 처음부터 연어를 살 때 마트에서 손질된 것을 사지 않고 직접 낚시를 해서 잡았다면 더 큰 돈을 벌

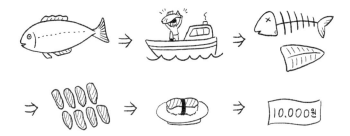

수 있을지도 몰라. 그런데 한 사람이 배를 타고 나가서 연어를 잡고, 손질하고, 그것을 또 요리하기에는 너무 많은 시간이 필요하겠지. 또 연어를 잡고 손질하는 전문적인 기술을 아빠가 모두 다 알 수는 없기 때문에 물고기를 잡는 전문가는 물고기만 잡고, 손질을 잘하는 사람은 손질만 하고, 요리를 잘 하는 사람은 요리만 하는 것처럼 단계별로 나눠서 일을 하는 것이란다. 그것을 우리는 '분업'의 효과라고 해. 그렇게 전문적으로 분업화된 단계가 모일수록 더 높은 부가가치가 형성되고, 가격도 함께 높아지는 것이란다."

연어초밥 한 점을 식탁 위에 두고 이렇게 설명하는 사이에 벌써 아이들은 지나가는 레일 위에서 다섯 접시 정도는 더 꺼내 먹은 것 같았습니다. 맛있게 먹느라 제 이야기를 집중해서 듣고 있는지도 모르겠습니다. 하지만 저는 제 설명을 잘 들으라고 아이들에게 굳이 강요하지 않기로 했습니다. 아무리 좋은 설명이라도 억지로 듣게 하면 거부감이 생길 수 있기 때문이죠.

부모님이 일상에서 볼 수 있는 다양한 경제 상황들을 설명해 줄 때 아이들이 지금 바로 이해하기를 바라는 대신 여러 주제에 대해서 지속적이고 반복적으로 설명해주다 보면 아이들은 어느 순간 자신도 모르게 경제의 여러 가지 논리들을 이해하고 있을 것입니다.

정리해볼까요

- 어떠한 물건이 사람들을 거쳐가며 경제적인 효용을 갖기 위해서는 가 치가 더해져야 합니다.
- 이를테면 물고기 한 마리에도 물고기를 잡는 것, 손질하는 것, 이동하 는 것, 작게 포장하는 것, 음식을 만드는 것 등 지속적으로 부가적인 가 치가 더해져야 상품성이 높아집니다.
- 그리고 부가가치가 커짐으로써 더 높은 이윤을 창출할 수 있습니다.

◆ 함께 실천해보세요

회전초밥 한 접시의 가격과 마트에서 파는 초밥의 재료, 즉 생선, 새우, 고기, 김 등의 가격을 비교해 왜 회전초밥 이 높은 가격을 갖게 되는지 설명해주세요. 경제적으로 이윤을 창출하기 위해서 필요한 요소 중 하나인 부가가치 가 얼마나 중요한 것인지 쉽게 이해할 수 있습니다.

시식코너에서
투자의 가치를 비교해보세요

"아빠, 이 만두 진짜 맛있어요. 우리 이거 사요, 네?"

대형마트에 함께 간 아이가 내 손을 잡아끌며 말했습니다. 아무래도 시식코너에서 만두를 판매하는 홍보직원이 기름에 잘 튀겨 준 시식용 만두를 먹어본 것 같습니다.

"그래? 아빠도 가서 같이 먹어보자!"

마트에 가는 즐거움 중 하나는 시식이죠. 그래서 저 역시 아들의 권유에 못 이기는 척 따라가 만두를 하나 집어 먹습니다. 부자가 만두를 집어 먹자 기회를 놓치지 않고 홍보직원이 말을 걸어왔습니다.

"너무 맛있죠? 아이들도 얼마나 좋아하는데요. 지금 행사기간
이라 특가로 드리니까 어서 가져가세요."

아들은 역시나 내 옆에서 만두를 한 개 더 집어먹고 즐거워하
고 있네요. 이 정도면 살 법도 한데 저는 쉽게 결정하지 않았습
니다. 그리고 아이에게 말했죠.

"우리 다른 것도 시식하러 가볼까?"

아이는 시식을 하면 당연히 사야 한다는 미안한 마음이 있었
는지 우물쭈물하다가 발길을 돌렸습니다. 하지만 그 옆에 또
다른 만두 시식이 기다리고 있었죠. 아이는 또 다른 만두를 먹
어보고는 그것도 맛있다며 사자고 했습니다.

"이제 만두는 많이 먹어봤으니 다른 것 보러 갈까?"

그렇게 우리는 만두뿐만 아니라 소시지, 동그랑땡, 고기, 두
부 등 다양한 시식을 마쳤습니다. 아이는 배가 불렀는지 만족
해하면서도 한편으로는 홍보직원들에게 미안한 듯한 표정을 짓
고 있었습니다. 저는 이제는 말해도 되겠다 싶은 마음으로 입
을 열었습니다.

"여러 가지 먹어보니까 뭐가 제일 맛있어?"

"고기가 제일 맛있는 것 같아요."

"처음에는 만두가 제일 맛있다고 하면서 사자고 했잖아?"

"네, 처음엔 그랬는데 다른 것도 먹어보니깐 만두보다는 고기가 더 맛있어요."

"그래. 무언가 필요한 물건을 사거나, 혹은 네 돈을 들여 투자를 할 때도 마찬가지야. 만약 네가 가지고 있는 경험이나 지식이 적다면 맨 처음에 만난 사람들이 권유한 상품을 구매하거나 투자하게 될 꺼야. 왜냐하면 내가 아는 것이 그것 하나뿐이고, 또 나에게 다가온 사람한테 미안한 마음도 들거든. 그런데 우리가 마트에서 여러 가지 음식을 먹어봤듯이 네가 돈을 쓰기 전에 많이 공부를 하고 다양한 경험을 할수록 네가 선택할 수 있는 품목의 개수는 늘어나. 그리고 그중에서 너에게 가장 잘 맞는 상품을 선택할 수 있는 능력을 갖게 되는 거지. 그렇게 네가 어떤 일에 돈을 쓰거나 투자해야 하는 상황이라면 다른 사람에게 미안한 감정보다 다양한 경험을 통해 스스로 판단해야 너에게 가장 옳은 판단을 할 수 있단다."

아이는 고개를 끄덕이며 목이 마르다고 합니다. 우리는 정수기에서 목을 축인 뒤 시식코너 중 아이에게 가장 좋은 평가를 받은 고기 코너 앞으로 갑니다. 그리고 고기를 고르면서 두 가지 기준을 세워봅니다.

먼저 유통기한을 보고 언제 먹어야 하는지에 대한 '기한의 목표'입니다. 그리고 시식처럼 맛있게 먹기 위해서는 어떻게 요리해야 하는지에 대한 '방법의 차이'입니다. 어떤 물건을 구매하기 전에 가장 효율적인 목표와 방법을 알아야 그 가치를 제일 높게 활용할 수 있기 때문입니다.

투자도 마트 장보기와 같습니다. 마트에서 만두, 소시지, 고기를 먹어보고 제일 맛있는 고기를 고르듯이 투자를 할 때도 나에게 맞는 투자처를 골랐다면, 투자 기간을 정하고, 어떻게 하면 높은 수익률을 낼 수 있는지 등을 배워야 합니다. 그렇지 않다면 투자를 하겠다고 다짐을 하고서는 처음 보게 되는 상품에 투자하거나 주위 사람들에게 미안하다는 이유로 좋지 않은 상품을 구매하게 될 수 있죠.

다시 설명하자면 우리가 '쇼핑을 성공적으로 했다'고 하는 의미 속에는 마트에 가는 것, 상품을 고르는 것, 결재를 하는 것, 상품을 집으로 가져오는 것, 그리고 맛있게 먹는 것까지 포함되어 있습니다. 모든 과정이 쇼핑의 성공을 좌우한다는 것이죠. 부동산 투자도 마찬가지입니다. 부동산에 대해서 공부하고, 나에게 적합한 투자 부동산을 비교해서 고르고, 돈을 투자하고, 그 부동산의 가치를 상승시키기 위해 노력하고, 마지막에 얼마의 돈을 벌었는지까지가 부동산 투자의 성공을 결정합니다.

그러나 사람들은 투자라고 하면 투자상품에 돈을 투자하는 행위만 중요시합니다. 즉, 쇼핑을 성공으로 이끄는 모든 과정을 무시하고 물건을 사는 행위에만 급급한 것과 같죠. 귀찮고 어렵다는 이유로 스스로 공부를 하거나 투자할 물건을 비교해서 고르려고 하지 않습니다. 따라서 저는 아이들이 성장해서 이러한 과정을 생략하고 소비하거나 투자하는 행동을 사전에 막기 위해서 마트에서 아이들과 시식을 하면서 올바른 투자의 과정을 알려주고 있습니다.

정리해볼까요

· 마트에서 시식을 한 뒤 맛있는 음식을 고르는 것은 투자의 과정과 매우 비슷합니다.
· 처음 먹어본 음식이 제일 맛있는 것처럼 경험이 부족한 초보 투자자는 비교나 분석을 하기 전에 처음 자신에게 들어온 투자처에 쉽게 투자를 하게 됩니다.
· 이러한 초보 투자자의 실수를 예방하기 위해서 비교하고 분석하는 눈을 키우기에 아이들에게 딱 맞는 곳으로 마트를 추천합니다.

마트에서 여러 가지 식품을 시식해봅시다. 그리고 그 식품의 성분과 영양이 어떠한지 함께 토론해보세요. 뿐만 아니라 어떤 기준으로 상품들이 분류되어 있는지, 아이가 가장 맛있게 느끼는 제품이 무엇인지, 요리법은 어떻게 되는지, 가격과 중량을 비교해보면서 스스로 선택할 수 있도록 도와줍니다.

비용과 자산의
가치

"휴대폰이 100만 원인데 집까지 배달비가 0원. 그게 아니면 휴대폰이 0원인데 배달비가 100만 원. 아빠는 둘 중에 어떤 것 고를 거예요?"

아이들은 참 엉뚱한 질문들을 많이 합니다. 이런 생각을 어떻게 할까 싶을 정도의 질문도 하는데, 그런 것을 보면 새삼 아이들의 상상력이 대단하다는 것을 느끼죠. 어느 날 학교에 다녀오더니 위와 같은 질문을 했습니다. 100만 원짜리 휴대폰을 공짜로 받을 것이냐, 아니면 공짜 핸드폰을 배달비 100만 원을 주고 받을 것이냐는 어이없으면서도 참신한 내용이었죠.

"그 질문은 왜 하는 거니?"

"이게 요즘 학교에서 친구들끼리 하는 질문이거든요."

"그래? 그럼 넌 뭐를 선택했어? 아빠라면 100만 원짜리 휴대폰을 선택할 것 같은데?"

"나도 100만 원짜리 핸드폰 골랐어요!"

"왜?"

"공짜 핸드폰보다 100만 원짜리 핸드폰이 좋은 거잖아요. 그래서 골랐지요."

"잘했네. 가치와 가격의 차이를 잘 알고 있구나. 어떤 물건이 있을 때 가치가 있고 없다는 것은 대부분 가격으로 결정이 돼. 사람들은 일반적으로 가치가 없는 물건을 높은 가격을 주고 사지는 않거든. 그래서 똑같은 핸드폰 중 골라야 하는 상황이라면 0원짜리 핸드폰보다는 100만 원짜리 핸드폰이 좋은 거겠지."

다행히 아이는 자본주의 사회에서 가격은 일반적인 사회적 가치를 반영한다는 사실을 알고 있는 것 같습니다.

"그런데 휴대폰을 공짜로 받고 배달비를 100만 원 내겠다고 하는 친구들도 있더라구요. 어차피 똑같은 거 아니냐고……."

"그건 총 금액으로 봤을 땐 똑같은 100만 원이지만 실제로는 전혀 다른 돈이야."

"100만 원이면 다 같은 100만 원 아니에요? 그럼 뭐가 달라요?"

"같은 돈이라도 어떻게 쓰이느냐에 따라서 나중에 전혀 다른 가치로 나타나게 된단다. 100만 원짜리 휴대폰을 한 번 사면 사라질까 아니면 계속 있을까?"

"휴대폰을 산다면 계속 내가 가지고 쓸 수 있지요."

"그래, 그렇게 한 번 돈을 내고 샀을 때 계속 사용하면서 가치를 만들어낼 수 있는 것을 자산이라고 해. 자산은 쉽게 사라지지 않지. 근데 배달비는 어때? 한 번 돈을 내고 이용하면 배달원은 다시 다른 배달을 하러 가버리지? 배달을 했다라는 행동이 끝나면 바로 사라지고 마는 거야. 그렇게 쓴 배달비 100만 원도 함께 그 자리에서 사라지고 말지. 그것을 비용이라고 해."

저는 아이들이 호기심을 보이는 바로 지금이 설명을 위한 적기라 생각하여 자산과 비용의 차이에 대해서 비유를 들어 말해주었습니다. 이번 질문은 아이가 먼저 해서 그런지 찰떡같이 알아듣는 모습이었습니다. 저는 설명을 덧붙였습니다.

"그런데 휴대폰처럼 100만 원을 주고 살 경우에 그 휴대폰이 바로 없어지지는 않겠지만 시간이 지날수록 가격은 어떻게 될까? 중고품이 되고, 또 계속 더 좋은 신제품이 나올수록 100만

원에서 90만 원, 80만 원, 70만 원으로 조금씩 가격이 떨어질 거야. 우리가 자주 보는 중고차 사이트에도 보면 오래된 자동차일수록 가격이 떨어지잖아. 왜냐하면 이런 휴대폰이나 자동차 같은 물건들은 사람들이 필요하다고 말할 때마다 공장에서 새로 만들면 되기 때문이야. 그리고 사람들도 그렇게 공장에서 새로 나온 신제품을 중고품보다 더 좋아하거든."

"당연하죠. 누가 오래된 걸 갖고 싶어 하겠어요?"

"그런데 반대로 시간이 지날수록 처음 샀을 때보다 가격이 올라가는 것들도 있어."

"그럼 100만 원을 주고 사면 나중에 110만 원, 120만 원 이렇게 가격이 올라가는 거예요?"

"응. 돈을 썼는데 신기하게 돈이 더해지는 것이 있어. 그런 물건이 어떤 것이냐면 휴대폰처럼 새로 만들 수는 없지만 사람들이 계속 필요로 하는 것들이야."

"진짜 그런 것이 있어요? 그게 뭔데요?"

돈을 써도 돈을 벌 수 있다는 이야기에 아이는 눈이 휘둥그레졌습니다. 마치 동화 속 황금알을 낳는 거위처럼 느낀 것 같았죠.

"그건 바로 부동산이야. 우리들이 사는 이 건물도 쉽게 만들 수 없고, 만든다고 해도 시간이 꽤 오래 걸리거든. 그리고 건물보다 더 만들기 힘든 것은 건물이 지어질 땅이야. 땅을 만들 수 있는 사람이 있을까? 아마 하늘에 있는 신 말고는 없을 거야."

"그럼 부동산은 한 번 사면 계속 돈을 버는 거예요."

"부동산은 사람들이 원한다고 더 만들 수가 없으니까 계속 오르게 되어 있지. 사람들의 생활수준이 올라가는 것에 맞춰서 한 번 사놓으면 그때부터 가격이 조금씩 올라가지. 단, 분명한 건 꼭 많은 사람들이 필요해하고 좋아하는 부동산을 사 놓아야 하겠지. 많은 사람들이 보았을 때 필요도 없는 부동산을 내가 혼자 좋다고 생각해서 사거나 주위에 누가 좋다고 해서 사면 절대로 나중에 다른 사람들에게 돈을 받고 팔거나 가격이 오르게 될 수는 없게 된단다. 왜냐하면 다른 사람들이 필요로 하지 않기 때문이지."

아이의 엉뚱한 질문 하나 덕분에 비용과 자산의 차이에 대해서 설명할 수 있었습니다. 그리고 더 나아가 일반적인 자산과 부동산 자산에 대해 시간이 지남에 따라 가격이 어떻게 변하는지까지 설명할 수 있었습니다.

정리해볼까요

· 같은 돈을 쓴다면 비용으로 사용하기보다는 자산에 투자하는 것이 시간이 흘러도 더 높은 이용가치를 갖게 될 것입니다.

· 특히 자산 중에서도 더 이상 신규 생산이 불가능하고, 감가상각이 일어나지 않으며, 많은 사람들이 원하는 좋은 입지의 부동산에 투자하는 것이 더 높은 가치의 상승을 불러일으킬 것입니다.

◆ 함께 실천해보세요

휴대폰과 옷 그리고 음식을 비교하면서 시간이 지남에 따라 가치가 어떻게 바뀌는지 생각해보세요. 음식은 먹자마자, 옷은 유행이 지나거나 헤졌을 때, 휴대폰은 신제품이 나왔을 때 가치가 사라질 것입니다. 그리고 나서 부동산의 가격이 시간이 지남에 따라 어떻게 바뀌는지를 보여주면 투자 자산에 따른 가치의 변화에 대해 쉽게 이해할 수 있을 것입니다.

공간의 가치:
불필요한 것들 줄이기

"이건 버리기 싫은데, 좀 이따 버리면 안 돼요?"

 아이들이 어린이집을 다니기 시작하면 집안 살림이 늘어나기 시작합니다. 신혼집을 꾸미면서 샀던 아기자기한 살림들은 아이가 부딪쳐 다칠까 봐 치우고, 이쁜 가구와 벽지에는 언제 어디서 생겼는지 알 수 없는 얼룩과 낙서, 스티커 자국들로 채워집니다. 아이들의 손동작이 발달하는 유치원 시절이 되면 매일 이런저런 작품들을 만들어 옵니다. 작은 종이접기와 그림부터 나무와 재활용품을 이용해 만든 작품, 도자기 액자와 그릇까지 합치면 어느새 아이들의 아기자기한 추억으로 집 안이 가득 차게 되죠.

아이들의 추억이 깃든 물건들이 처음 몇 번은 좋을 수 있습니다. 그러나 이렇게 몇 년간 쌓이게 되면, 더군다나 자녀의 수가 우리 집처럼 셋이나 되는 집에서는 점점 늘어나는 살림이 어느 순간 폭발의 도화선이 될 수도 있습니다. 어느 날 둘째 아이가 유치원에서 만들어 온 작은 나무 인형이 마루에 뒹굴고 있던 걸 저는 맨발로 밟게 되었고 너무 아파 데굴데굴 구르며 소리쳤습니다.

"다 갖다 버릴 거야! 이거 안 치워?"
"내가 만들어 온 작품을 버린다고요?"
"아빠 다친 것 안 보여? 이렇게 놔두면 다 갖다 버릴 거야!"
"안 돼요!"

아이는 토라져서 이불 속으로 들어가 흐느꼈고, 저는 그제야 발바닥의 아픔이 조금씩 가시면서 제정신으로 돌아오며 생각을 했습니다.

'왜 치워야 하는지, 어떻게 치워야 하는지 설명해주지도 않고 그저 내가 아프다는 이유만으로 화를 내고 말았구나. 계속 내 이야기만 해서는 아이가 나의 아픔을 결코 공감할 수 없을 거야.'

그래서 저는 이 아픔을 아이들에게 숫자로 보여주기로 했습니다. 며칠 뒤 거실에 큰 박스를 하나 갖다 놓고 이야기를 시작했죠.

"애들아, 우리가 살고 있는 서울은 큰 도시지만 그 안에서 우리가 살고 있는 집이란 공간은 아주 작단다. 그래서 이 집에 있는 공간을 사용하기 위해서는 그만큼 사용료를 내게 되어 있어. 우리가 이 집을 빌려서 쓰든 사서 쓰든 이 집을 사용하는 면적만큼 돈을 내야 하는 거야. 식당에서 밥을 먹고 돈을 내듯이 뭐든지 사용한 만큼 돈을 지불해야 하는 거지. 그게 시장의 가장 기본적인 논리란다. 따라서 우리 집에 있는 물건들이 계속 늘어나면 늘어날수록 그만큼 우리는 더 많은 돈을 내야 해. 그럼 어떻게 될까? 아빠가 돈을 더 많이 벌어 와야 하겠지? 그럴수록 아빠는 더 일을 해야 하니깐 우리가 함께할 수 있는 시간이 줄어들게 될 거야. 근데 아빠는 가족들과 함께 있는 시간이 중요하거든. 그래서 이 박스를 준비했어. 곰곰이 생각해보고 더 이상 갖고 놀지 않는 장난감이나 필요가 없는 것들을 박스에 넣고 재활용을 통해 다른 물건으로 다시 태어날 수 있게 해줄까?"

"안돼요. 나한테는 다 너무 소중한걸요. 안 버릴 거예요."

"아예 잊는 게 아니야. 이 박스에 넣고 영원히 우리가 기억할 수 있게 사진을 모두 찍어둘 거야. 그럼 사진을 보면서 계속 기억할 수 있잖아. 그렇게 자리를 비워줘야 학교나 유치원에서 만든 새로운 작품도 또 들어올 수 있기도 하고. 더 재밌는 놀거리도 들어오고, 필요한 책도 사서 볼 수 있겠지?"

"그럼 하나씩 박스에 넣을 테니까 그 대신 아빠 것도 하나씩 박스에 넣어요."

역시 아이는 호락호락하지 않았습니다. 결국 우리는 함께 물건에 대해서 이야기를 하고 사진도 찍은 뒤 박스 안에 넣었습니다. 언제 그 물건이 우리 집에 왔고, 그걸 가지고 어떻게 놀았는지, 어떤 재밌는 일이 있었는지 이야기하면서 넣다 보니 잊고 있던 추억이 떠올랐습니다. 저 역시 장롱 속에서 몇 년 동안 꺼내지도 않고 언젠가 살이 다시 빠지면 입겠다며 간직했던 옷, 냉장고 안쪽에서 유통기한이 한참 지난 반찬과 식재료들, 읽지 않는 책들 등 많은 물건들이 나오기 시작했습니다. 그 와중에도 책은 그냥 버리기 아까워서 내용을 세 줄 정도로 아주 짧게 요약해놓고 버렸습니다. 아이들도 저를 따라서 책과 장난감으로 박스를 채웠고, 금세 두 박스가 쓰지 않는 물건들로 가득 찼습니다.

"우리가 이렇게 모은 물건이 얼마일까?"

"백만 원은 될 것 같아요. 아까워요."

"그렇지? 처음부터 사지 않았더라면 백만 원을 아낄 수 있었을 거야. 그런데 이 물건들을 산 백만 원이라는 돈보다 더 중요한 것이 있어. 그것은 바로 쓰이지 않는 물건들이 차지하고 있었던 공간의 가치란다. 우리가 집에서 살기 위해서 한 달 동안 빌리는 돈을 월 500만 원이라고 생각해보자. 그런데 이 물건들이 차지하고 있는 공간이 어느 정도 될까? 그 공간이 1평 정도라고만 해도 한 달에 이 물건들이 있음으로 인해서 들어가는 비용이 20만 원이나 돼. 그렇게 쓰지 않는 물건을 1년만 놔두게 되어도 240만 원을 낭비하고 있는 셈이야. 그렇게 공간의 낭비는 시간이 갈수록 비용이 커지게 된단다. 결국 소비로 인한 돈의 낭비보다 공간을 낭비하는 것이 더 무서운 것이란다. 그래서 쓸모없는 물건은 바로바로 버리고 쓸모 있는 물건이나 생각들로 공간을 채워야 가치 있게 사용하는 것이지."

아이는 자신이 만든 것에 대한 노력만 생각했지 그것을 보관함으로 인해서 발생하는 비용은 생각하지 못한 것 같았습니다. 어른들도 마찬가지일 겁니다. 무조건 아끼고 잘 보관하는 것이 돈을 버는 것이 아닙니다. 그 가치에 맞게 최대한 활용하고, 그 시기에 맞게 물건을 바꿔주는 것이 장기적으로 보면 돈을 버는 길이죠.

· 공간이 가진 가치를 효율적으로 사용하기 위해서는 많은 물건을 채우는 것보다 지금 필요하지 않은 물건을 버리는 습관을 가지는 것이 좋습니다.

· 집이 좁다고 생각되면, 넓은 집이나 수납력이 좋은 가구를 살 생각을 하기 전에 지금 내가 가지고 있는 것을 버려보세요. 집도 넓어지고, 아이들의 활동 공간도 늘어납니다.

◆ 함께 실천해보세요

아이가 소중히 여기는 물건을 버리기 힘들어한다면, 사소한 것부터 부모님과 함께 버리는 연습을 해보세요. 아이에게 강압적으로 필요한지 불필요한지를 묻고 버리라고 하면 거부할 수 있습니다. 그래서 부모와 함께한 자리에서 박스를 가운데에 두고 이 물건이 왜 필요 없는지를 설명하고, 사진을 찍어놓은 뒤 과감히 버리는 모습을 보여주면 금방 따라하게 될 것입니다.

가치 판단의 기준

"○○네 차는 BMW라고 하고, □□네 차는 벤츠래. 우리 차는 벤츠보다 좋은 거예요?"

첫째 아들은 도로에 다니는 자동차 이름을 모두 알 뿐만 아니라 바퀴 모양만 봐도 어떤 자동차의 바퀴인지 모두 맞출 정도로 자동차를 좋아합니다. 그런 아들이 초등학교 1학년 어느 날 학교를 다녀오더니 대뜸 우리 차가 벤츠보다 좋은 거냐고 물어보더군요. 저 역시 초등학교 시절에 친구들과 집에 있는 자동차가 무엇인지에 대해서 이야기한 기억이 났습니다. 그래서 아이의 질문에 놀라지 않고 자세히 설명해주었습니다.

"응, 벤츠나 BMW는 독일 회사에서 만든 자동차야. 우리 차는 한국에서 만든 자동차이고. 자동차를 만든 회사가 어느 나라의 회사인지, 그리고 그 회사 브랜드의 차이가 있는 거야. 벤츠 자동차 로고는 별 모양이고 BMW는 바람개비 모양, 우리 차는 H 모양이잖아. 그게 브랜드라는 건데……."

"그럼 우리 차가 벤츠보다 좋은 거예요?"

"그건 용도에 따라 다른 거야. 우리 차는 엄청 넓고 할머니, 할아버지까지 탈 수 있잖아. 벤츠라고 해도 그 안에 스포츠카도 있고 트럭도 있고 모두 종류가 다르잖아."

"네, 알아요. 그런데 친구들은 벤츠가 제일 비싸고 좋은 자동차래요."

"사람들이 자동차를 선택할 때는 각자 중요하게 생각하는 것들이 모두 다르단다. 자동차 브랜드를 중요하게 생각하면 비싼 돈을 주고 벤츠를 살 수도 있겠지만, 아빠는 실용성을 따졌기 때문에 H사의 차를 산 거야. 비싸다고 무조건 좋은 것은 아니란다. 나에게 가장 잘 맞는 선택을 하는 것이 좋은 거야. 두 개의 차를 놓고 비교했을 때 성능은 거의 비슷한데 가격이 절반도 안 되면 비싼 차를 살 거야, 아니면 싼 차를 사고 나머지 돈으로 다른 걸 할 꺼야?"

"그럼 싼 차 살 것 같긴 한데, 그래도 벤츠는 특이하잖아요."

아들은 아직 알쏭달쏭한 얼굴을 하면서 계속 물어봤습니다. 제 입에서 벤츠가 좋은 차라는 대답을 듣고 싶었나 봅니다.

"한국에서는 그럴 수 있어. 그런데 독일에 가면 택시도 벤츠란다."

"진짜요?"

"응, 물론 독일사람들도 벤츠는 좋은 차라고 생각은 하지만 그렇다고 꼭 벤츠를 타야만 엄청 부자라고 생각하지는 않아. 그 대신 역사가 오랜 자동차 회사이기 때문에 기술과 품질에 대한 자신감이 있지."

"진짜? 그럼 100년도 넘었어요?"

"응, 훨씬 넘었어. 그래서 벤츠라는 브랜드 안에는 역사와 품질에 대한 자신감이 들어있는 거고, 그게 높은 가격으로 반영되는 것이란다."

"그럼 벤츠가 좋은 차네?"

대화는 이렇게 돌고 돌아 원점으로 돌아왔습니다. 그래도 저는 필사적으로 아이들의 인식 속에 비싼 것이 무조건 좋은 것이고 싼 것은 안 좋은 것이라는 기준을 바꿔주고 싶었습니다. 선택의 기준은 싸고 비싸고가 아니며, 그것이 나에게 꼭 필요하거나 적합한지를 따져보는 것이 최우선이라는 것을 제 아이들에게 꼭 알려주고 싶었기 때문입니다. 이렇게 선택의 기준으로

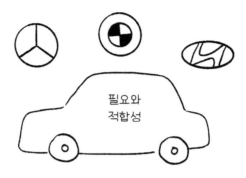

필요성과 적합성을 강조하는 이유는 부동산 투자를 할 때도 이 두 요소가 매우 중요한 기준이 되기 때문입니다.

예를 들어볼까요? 비싸고, 남들이 보았을 때 부러움을 살 정도로 좋아 보이는 부동산 상품인 대형상가라도 나에게 필요하거나 적합하지 않으면 다른 사람에게도 그렇지 않을 확률이 높습니다. 또한 지나치게 고가로 분양한 오피스텔 같은 경우, 더 이상 개인의 투자와 노력으로 가격을 상승시킬 여력이 매우 적어집니다. 즉, 모든 상품의 선정 기준을 오직 가격 하나만 두고 판단하면 안 됩니다. 그럼에도 가격이라는 것은 숫자로 눈에 명확히 보이기 때문에 많은 사람들이 비싼 제품이 무조건 좋다고 인식하는 오류를 범하게 되는 것입니다.

· 자동차를 선택하는 기준에는 가격만이 아닌 여러 가지 요소가 있습니다. 부동산에 투자를 할 때도 다양한 기준이 필요합니다.

· 아이들은 부모가 가진 재산이나 자동차, 혹은 어디에 사는지를 두고 서로 편을 가르거나 등급을 나누기도 합니다. 그러나 판단의 기준은 남이 아니라 바로 나 자신에게 있다는 것을 알도록 도와줘야 합니다.

◆ 함께 실천해보세요

자동차처럼 눈에 보이는 사물의 좋고 나쁨에 대해서 아이들과 이야기할 때 가격을 기준으로 대화하지 마세요. 그 대신 용도와 역할에 따라 구분하면서 이야기를 나눠보세요. 그럼 세상에 그 어떤 것도 무조건 나쁜 것도, 무조건 좋은 것도 없다는 것을 알게 될 것입니다. 그렇게 다양성을 존중하고, 나의 필요를 판단할 수 있는 능력을 키워주세요.

3장

경제 논리를 통해
이해하는 부동산 시장

무인 아이스크림가게와
편의점: 가격 결정

"똑같은 아이스크림인데 왜 무인아이스크림 가게가 편의점보다 싼 거예요?"

멜론맛 아이스크림을 좋아하는 첫째 아들이 어느 날 편의점에서 아이스크림을 고르면서 말을 건넸습니다.
"편의점에서 멜론맛 아이스크림을 한 개 살 돈이면 할머니집 앞에 있는 무인 아이스크림가게에서 두 개를 살 수 있어요. 그래서 무인 아이스크림가게 가서 사는 게 훨씬 좋아요."

만약 여러분이 자녀에게서 이런 말을 듣는다면 어떻게 대답해줄 건가요?

"우리 아들이 가격 비교를 잘했구나. 그럼 앞으로 편의점에서 사지 말고 무인 아이스크림가게 가서 두 개 사는 게 이익이겠다"라고 대답해준다면 단순히 가격을 비교할 수 있는 능력에 대해 칭찬하는 것으로 끝날 것입니다. 그리고 결국 그것은 소비로 이어지겠죠. 사실 가격 비교는 숫자의 크고 작음을 알 수 있는 정도의 능력을 가지고 있다면 누구나 할 수 있는 것입니다. 따라서 이러한 행동을 맹목적으로 칭찬만 한다면 아이는 나중에 어떤 물건을 구입할 때 가격만 비교할 뿐 왜 매장마다 가격 차이가 발생하는지에 대해서 생각하지 못할 것입니다. 가격은 비교할 수 있어도 가치를 비교할 수 있는 능력은 갖지 못할 것입니다. 그리고 계속 가격만 비교하면서 저렴한 가게만 찾아서 소비를 하고, 나아가 저렴하게 소비를 한 것을 현명한 소비라고 생각하게 될 것입니다. 자녀가 더 깊게 생각할 수 있는 길을 열어주지 못했기 때문입니다.

아이에게 생각할 수 있는 능력을 길러주고 싶다면 칭찬을 해주기 전에 먼저 "그럼 아이스크림 가격이 편의점하고 무인 아이스크림가게하고 왜 차이가 날까?"라는 질문으로 대화를 시작하면 더 좋을 것입니다. 물론 초등학생 자녀가 이 질문에 대해서 논리적으로 답하지는 못할 확률이 높습니다. 그래도 아이들에게 편의점과 무인 아이스크림가게의 다른 점을 떠올려보라고 해보세요. 그러면 어쩌면 "무인 아이스크림가게는 사람이 없기 때문에 싸지 않을까요?"라는 대답을 들을 수도 있을 것입니다. 이 정도 대답만 되어도 일하는 사람의 노동에 대한 대가로 들어가는 비용인 '인건비'의 개념을 이해하고 있는 것입니다. 즉, 무인 아이스크림가게는 가게를 지키는 사람이 없기 때문에 그 사람에게 줄 인건비만큼 아이스크림 가격에서 뺄 수 있다는 것이죠. 시장경제에서는 반드시 인건비의 개념을 알고 있어야 합니다. 그래야 아이가 성장하면서 자신이 하게 될 노동에 대한 가치와 비용에 대해서 생각할 수 있기 때문이죠.

다음으로는 '무인 아이스크림가게는 왜 사람이 없어도 될까?'에 대해 대화를 나눌 차례입니다. 대화를 통해 자녀를 교육할 때는 한 개의 답변이 끝나더라도 '그것은 또 왜 그럴까?'라는 질문을 계속 물으면서 파고드는 것이 좋습니다. 아이들은 호기심이 많아서 눈에 보이는 것마다 부모에게 "왜?"라고 묻는다는 것을 많이 경험해보셨을 거예요.

이어서 '편의점에서 판매하는 물건들의 종류는 무엇이 있을까? 그렇다면 무인 아이크스림가게에서 파는 물건은 무엇이 있을까?'라고 물어보세요. 편의점은 아이스크림뿐만 아니라 과자, 빵, 컵라면, 햄버거, 도시락 등을 판매하지만 무인 아이스크림가게는 아이스크림, 과자, 음료 정도만 판매를 합니다. 무인 아이스크림가게에서 판매하는 물건이 편의점에서 판매하는 물건보다 유통기간이 길고 종류가 적은 것을 확인할 수 있습니다. 즉, 쉽게 상하지 않는 물품이기 때문에 사람이 방문해서 물건들을 관리해야 하는 횟수가 줄어들 수 있고, 종류가 적기 때문에 관리에 들어가는 시간과 비용도 적게 든다는 것이지요. 그래서 절약한 시간과 비용만큼 아이스크림을 편의점보다 싸게 팔 수 있는 것이고요.

정리해볼까요

· 인건비는 사람이 일을 했을 때 지급받는 대가로 사람이 아이스크림을 만들거나 판매한다면 그 사람에게 지급을 해야 합니다.

· 그러나 아이스크림을 기계가 만든다면 사람이 직접 만드는 것보다 더 많이 만들 수 있으며, 인건비는 그 기계를 만들거나 기계를 조작하는 사람에게 가게 되겠지요.

· 또한 무인 아이스크림가게는 판매하는 물건의 종류가 적고 유통기간이 길기 때문에 관리하는 사람이 필요 없게 됩니다.

무인 아이스크림가게와 편의점에서 똑같은 아이스크림을 사서 가격을 비교하고 위의 대화를 함께 하면서 먹어보세요. 눈에 보이는 상황에 대해서 비교해 설명해주는 것으로 끝나지 않고 항상 모든 현상에 대해서 '왜?'라는 꼬리표를 달고 함께 고민하는 습관을 가져야 합니다. 부모가 함께 고민해야 아이도 고민한다는 사실을 잊지 마세요.

꽈배기의 가격 변화: 소비와 공급

"꽈배기가 집 앞에서는 한 개에 천 원인데 여기는 2,500원이네요. 왜 이렇게 비싸죠?"

이번 주말도 아이들과 함께 교외로 임장을 가기 위해 고속도로를 달리던 중 휴게소에 들렸습니다. 고속도로 휴게소는 맛있는 군것질거리가 가득하죠. 휴게소는 답답했던 차에서 잠시 내려서 쉴 수도 있는 천국과도 같은 곳입니다. 저 역시 갓 구워낸 호두과자를 먹고 싶어서 고속도로를 탄다고 해도 과언이 아닐 정도로 휴게소를 좋아하거든요.

"아빠는 호두과자 사고 있을 테니깐 엄마랑 먹고 싶은 것 있는지 한번 둘러보고 와. 이번에 살 수 있는 금액은 한 사람당 5,000원 이하야."

저 혼자 호두과자를 사러 간 사이에 아이들은 휴게소에서 파는 여러 가지 간식을 구경하고 다닙니다. 이렇게 아이들에게 무언가를 사줄 때는 부모가 허용할 수 있는 가격의 상한선을 정해줘야 합리적인 선택을 할 수 있습니다. 그렇지 않고 그냥 "너 먹고 싶은 거 사줄 테니 골라 와"라고 말하고 나서 아이들이 골라온 메뉴를 보고는 "이건 너무 비싸서 안 돼. 대신 이거 사줄게"라고 말한다면 아이들은 스스로 고민하고 선택하는 연습을 하지 않게 될 것입니다. 아무리 자신이 골라 와도 마지막으로 선택을 하는 것은 부모가 되기 때문이죠.

"아빠, 우리는 소시지랑 회오리 감자 골랐어요."
"얼마야?"
"소시지는 4,500원이고 감자는 5,000원이요."
"그래 잘했어. 이제 사러 가자."
"근데 아빠, 여기 보니까 꽈배기가 한 개에 2,500원이에요. 집 앞에서는 천 원밖에 안 하는데 엄청 비싸요."

아이들에게 가격의 기준을 주고 고르라고 했더니 여러 가지

메뉴를 보면서 가격도 함께 비교를 해봤던 것 같습니다. 아이들이 고민을 해서 선택을 할 수 있게 해주니 이런 장점이 있었던 거죠. 그래서 저는 휴게소의 음식 가격에 대해서 설명해주기로 했습니다.

"우리 집 앞에는 꽈배기 가게도 있고 빵집도 있고, 샌드위치 가게와 햄버거 가게도 있고 그렇게 비슷한 종류를 파는 가게들이 많지? 그럴 때 꽈배기 가게가 혼자 가격을 두 배로 올리면 어떻게 될까? 사람들은 아무도 꽈배기를 사 먹지 않을 거야. 그 대신 주변 가게에서 빵이나 샌드위치, 햄버거를 사 먹겠지. 이것을 우리는 '대체재'라고 해. 그렇게 손님 입장에서 비싸다고 생각되면 비슷한 다른 걸 사 먹으면 되니까 혼자만 쉽게 가격을 올릴 수는 없단다. 그럼 휴게소는 어떨까? 휴게소는 꽈배기만 비싼 것이 아니라 다른 음식들도 우리 집 근처의 가게보다는 비싸. 그래서 사람들이 모든 음식이 다함께 가격이 비싸기 때문에 다른 것을 먹을 수 있는 방법이 없는 거야. 즉, 전부 다 가격이 비싸니깐 꽈배기가 비싸도 사 먹게 되는 거지. 가격에 따른 대체재 효과가 줄어든 거야."

"그럼 우리 집 근처 가게들도 다 같이 가격을 올리면 사람들이 사 먹겠네요."

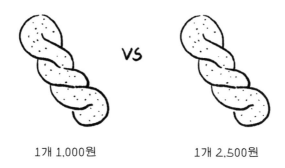

VS

1개 1,000원   1개 2,500원

"맞아. 그렇게 할 수도 있겠지. 그걸 우리는 '담합'이라고 해. 그런데 우리 집 주변은 여러 종류의 가게가 가까운 곳에 엄청 많이 있잖아. 그래서 한 곳이라도 가격을 안 올리면 손님들이 다 그 가게로 몰리게 될 거야. 그런데 휴게소는 어떨까? 지금 우리 눈에 보이는 가게가 전부이고, 비슷한 음식을 파는 가게도 별로 없어."

"그럼 다른 휴게소 가서 사 먹으면 되잖아요."

"휴게소에 들른 사람들이 이 휴게소 음식이 비싸다고 해서 다른 휴게소를 가려면 또 다시 고속도로를 달려야 하겠지. 그런데 고속도로를 달리는 사람들은 목적지에 빨리 가기 위해서 고속도로를 이용하는 거잖아? 조금 더 싼 음식을 먹겠다고 여러 번 휴게소를 들르는 사람은 거의 없을 거야. 휴게소에 오는 사람들의 목적은 싸고 맛있는 가게를 찾는 것이 아니라 빨리 가는 것이 목적이기 때문이지. 고속도로 휴게소는 가게가 적고, 손님들이 목적지에 빨리 가야 한다는 목표를 알기 때문에 이렇게 높은 가격을 받을 수 있는 거란다."

휴게소 야외 벤치에 앉아서 지나가는 사람들과 차를 구경하면서 대화를 하는 사이 우리는 이미 간식을 다 먹었습니다. 그렇게 서로 간식을 고르고 대화를 하는 사이 휴게소에서 30분이 넘게 앉아 있었지만 오늘도 아이들과 경제에 대해 의미 있는 대화를 나눌 수 있었습니다.

정리해볼까요

· 아이들이 직접 선택을 하게 할 때는 가격, 종류 등 아이들이 사전에 선택을 할 수 있는 범위를 알려줘야 합니다.
· 그렇지 않고 아이들이 애써 고민해서 가져온 선택지를 부모가 자꾸 반대를 하거나 독단적으로 최종 결정을 해버린다면 아이들은 나중에 고민조차 하지 않게 되죠.

고속도로 휴게소에 들려서 메뉴와 가격을 보면서 동네에서 파는 간식과 가격을 비교해보고 왜 비싼지에 대해서 생각해봅시다. 그 과정에서 단순히 임대료가 비싸서 음식 값이 비싸다는 식의 설명은 아이들이 부동산과 임대인에 대한 부정적인 시각을 가지게 할 수 있겠죠. 특히 상품의 가격이 결정되는 요소는 단순히 임대료 하나가 아니기 때문에 다양한 접근을 할 필요가 있습니다.

세상에 공짜는 있을까?: 세금과 민주주의

"급식에 닭강정이 나왔는데 진짜 맛있었어요. 더 받아서 먹어도 돼요. 공짜예요."

우리 가족은 저녁식사를 하면서 으레 그날 하루 있었던 일에 대해 이야기를 나눕니다. 함께 식사하기가 어려운 날에는 아이들이 자기 전에 침대에 나란히 누워 이야기를 합니다. 아이들의 일상이 시시콜콜하고 사소하게 느껴질 수도 있지만 가족이라면 작은 대화부터 나누는 것에 익숙해져야겠죠. 그래야 나중에 큰일이 생기더라도 서로 이야기하고 도울 수 있다고 생각합니다. 아이들은 언제나 학교 급식 이야기를 제일 먼저 합니다.

"오늘 급식 뭐 나왔는지 알아요?"

"뭐 나왔어?"

"밥이랑 조랭이 떡국이랑 곤약무침이랑 깍두기랑 닭강정 나왔는데 닭강정이 진짜 맛있는 거예요."

아이들은 오늘 배운 것은 금세 잊어버려도 급식에 뭐가 나왔는지는 메뉴 하나하나 이름을 대면서 기억을 해냅니다. 저는 점심에 뭐 먹었는지 기억조차 나지 않는데, 메뉴 하나까지 기억하는 걸 보면 아이들의 학습 능력이 역시 어른보다 낫다는 생각을 하게 됩니다.

"그럼 넌 닭강정 몇 번 받았어? 두 번 받았어?"

"아니요. 친구랑 세 번 받았어요. 더 받아도 돼요. 공짜거든요."

저는 자신이 원하는 걸 당당하게 요구할 수 있는 아이가 대견해서 칭찬을 하고 말을 이어갔습니다.

"그래, 네가 원하는 것이 있다면 요구하는 것은 잘하는 거야. 그런데 사실은 말이야, 세상에 공짜는 없단다."

"공짜가 없다고요? 왜? 급식도 공짜고, 학교 다니는 것도 공짜고, 우리가 마시는 공기도 공짜잖아요."

"그렇지 않아. 그건 아빠와 엄마가 경제활동을 해서 내는 돈에 다 포함되어 있어. 직접 돈을 내는 것은 아니지만 엄마, 아빠가 나라에 내는 세금 안에 너희 같은 어린이들이 공짜처럼 누릴 수 있는 것들이 모두 포함되어 있단다."

"그럼 엄마, 아빠가 급식도 사고 강물이랑 공기에도 돈을 내는 거예요?"

"아니, 엄마, 아빠가 직접 급식을 사오는 것은 아니야. 하지만 우리는 대한민국 국민이잖아? 그래서 대한민국의 국민으로서 우리는 세금을 내거든. 그럼 정치인 같은 공무원들이 그 세금을 가지고 어느 부분에 돈을 더 쓰면 좋을까 고민한 다음에 국민들이 가장 필요로 하는 곳에 세금을 쓰게 되는 거지."

"그럼 물이랑 공기는 어떻게 돈을 내요?"

"환경오염을 막기 위한 법도 만들고 필요한 시설도 만들어서 우리 환경을 깨끗하게 할 수 있도록 세금을 쓰고 있지."

아이들은 '세금'이라는 어려운 주제에 제법 흥미를 갖게 된 듯 계속 아이다운 질문을 이어갔습니다.

"그럼 거지도 세금 내나요?"

"그럼. 거지라도 세금은 내게 되어 있어. 물론 돈을 벌지 않으면 돈을 많이 버는 사람보다 내야 할 세금은 적지. 그런데 세금은 보이지 않는 곳에 숨어 있기도 해. 우리가 편의점에서 사 먹는 과자만 해도 그 안에 '부가가치세'라는 세금이 숨어 있어. 그

과자를 만든 공장은 어떨까? 과자를 만들기 위해 외국에서 사오는 밀가루에도 '관세'라는 세금이 붙어 있을 거고, 과자를 만드는 사람들한테 주는 월급에도 세금이 붙어 있고, 월급을 받는 사람도 '소득세'라는 세금을 내게 되어 있어. 근데 그게 끝이 아냐. 과자를 만들어서 과자회사가 돈을 벌잖아? 그럼 그 회사도 과자를 팔아서 번 돈에 대해서 '법인세', '지방소득세' 등 다양한 세금을 납부하게 되어 있지."

"뭐 이렇게 세금이 많아요?"

아이들은 어른들이 내고 있는 세금의 종류가 이렇게 많다는 사실에 놀라는 표정을 지었습니다.

"그러니까 우리가 내는 세금을 나라에서 올바른 곳에 잘 쓰는지 확인해야겠지? 세금이 진짜 필요한 곳에 쓰이는지, 우리 가족한테 진짜 도움을 줄 수 있는 곳에 쓰고 있는지 나라에서는 국민에게 알려줘야 해. 근데 우리가 그걸 매번 확인하기는 어려우니까 세금을 올바른 곳에 쓰는 정치인을 뽑기 위해 투표라는 것을 하는 거야."

"알아요. 엄마, 아빠가 우리 학교 1층 보건실 가서 하는 것 말이지요?"

우리 부부는 투표를 할 때면 늘 아이들을 데려가기 때문에 다행히 투표라는 것을 잘 알고 있는 것 같았습니다.

"맞아. 그래서 투표를 할 때 내가 열심히 돈을 벌어서 내는 세금을 잘 쓸 수 있는 사람, 나와 우리 가족에게 이득이 되는 곳에 알맞게 세금을 쓸 수 있는 능력이 있는 사람을 뽑아야 돼. 그렇게 뽑지 않으면 그 사람들은 내가 원하지 않는 곳에 돈을 막 쓸 수도 있거든. 아무데나 엄마와 아빠의 소중한 세금을 쓰는 사람은 다시는 뽑지 말아야 하는 거지. 그런데 투표로 다시 뽑기까지는 4~5년 정도 긴 시간이 걸려. 그래서 한 번 뽑을 때 신중하게 잘 선택해야 해. 그냥 선거에 나오는 사람이 잘 생기고 인기가 많거나 재밌다고 뽑아주면 절대 안 되는 거야. 그 사람이 약속한 것들이 나에게 필요한 것인지 하나하나 따져보는 거지. 예를 들어 우리 집 주변에 쓰레기가 많다고 하면 그 쓰레기를 치워줄 수 있는 사람을 뽑아야 하는 거야."

정리해볼까요

· 세상에 공짜 점심은 없습니다. 인간관계에서도 주고받는 것이 필요하고, 심지어 국가도 나에게 무언가 준다면 반드시 나에게 바라는 대가가 있다는 사실을 알아야 합니다.

· 어릴 때부터 자본주의와 민주주의의 실체를 이해하지 못한다면 아이들은 성인이 되면서 많은 상처를 받을 수 있습니다. 마치 부동산으로 수익을 많이 보아도 세금을 내고 나면 아무것도 남지 않아서 슬퍼하는 것처럼 말이죠.

선거 기간이 되면 선거홍보물을 보면서 후보자들이 주장하는 것이 우리 집과 어떤 연관성이 있는지를 아이들과 토론해보세요. 아무것도 모를 것 같은 초등학생도 생각보다 많은 부분에서 본인의 주장이 있다는 것을 알게 될 것입니다. 어떤 주장이 우리 집에 어떤 이익을 줄지 설명해주세요. 나아가 함께 투표장에 간다면 아이들이 자연스럽게 사회에 대해서 알게 될 것입니다.

무한리필 고깃집은 왜 쌀까?: 분업과 구매력

"동네에 무한리필 고깃집이 오픈했대요. 고기를 무한대로 먹을 수 있으니까 너무 좋아요!"

학창시절 고깃집에서 고기를 먹고 있는 형과 나를 보고 부모님이 "진짜 무섭게 먹는다"라는 말씀을 종종 하셨습니다. 두 형제가 먹어 치우는 고기의 양이 어마어마했기 때문이었을 것입니다. 아마도 소고기라도 먹으러 가는 날은 아버지께서 뜻밖의 성과급을 타 오시는 날이었을 것입니다. 외식 메뉴는 대부분 아무래도 값이 저렴한 돼지갈비였습니다. 4인 가족이 이 돼지갈비를 20인분이나 먹다 보면 아직 배불리 먹지도 않았는데 숯

이 먼저 꺼지는 일도 빈번했습니다. 그때는 그렇게 먹는 것이 대수롭지 않은 일이라고 생각했지만, 부모가 된 지금 생각해보면 20인분을 먹는 형제보다 더 대단한 것은 그 엄청난 고깃값을 내면서도 자식들을 먹이고자 하는 부모님의 사랑이었던 것 같습니다.

결혼을 해서 자녀를 낳다 보니 어느새 아들이 세 명이나 되었습니다. 시간이 지날수록 부모님께서 종종 말씀하셨던 '무섭게 먹는다'라는 표현이 무슨 의미인지 알게 되었죠. 우리 집 역시 어느 순간부터 소고기는 외식 메뉴에서 자연스레 제외되었습니다. 소고기가 맛있긴 하지만 세 아들을 포함한 다섯 식구가 먹고 포만감을 느끼는 순간 통장 잔고는 지나치게 빈곤해질 것이 뻔합니다. 다행인 일은 요즘 고기를 무한대로 먹을 수 있는 식당이 많이 생겼다는 것입니다. 고기뿐 아니라 공깃밥과 각종 반찬, 튀김류까지 제공이 되니 정말 천국이 따로 없죠. 시간이 한정된 경우도 있지만 이 정도의 장애물은 먹는 속도로 거뜬히 극복할 수 있는 일이니 전혀 문제가 되지 않습니다.

"애들아, 먹지만 말고 우리도 대화 좀 해보자. 맛있어?"
"당연하죠. 난 양념 없는 고기가 더 맛있는 것 같아요. 근데 이렇게 계속 무한으로 주면 이 집 망하는 것 아니에요?"

"이 세상에 망하려고 장사를 하는 사람은 없단다. 다 이윤이 남기 때문에 하지. 고기를 무한으로 주는 이 식당이 그렇지 않은 고깃집과 다른 점이 뭘까?"

"손님들이 다 직접 갖다 먹어야 하잖아요?"

"맞아. 이 집은 반찬과 고기뿐만 아니라 불판도 손님이 직접 가져와서 먹거나 갈아야 해. 그만큼 인건비가 절감되지. 그렇게 되면 여기서 일하는 종업원은 음식을 갖다 주는 일을 할 필요가 없고, 음식을 만들어서 갖다놓는 일에만 집중할 수 있게 된단다. 그렇게 업무를 확실히 나누는 것을 우리는 '분업'의 효과라고 해. 그런데 진짜 비법은 따로 있단다."

"진짜 비법 소스라도 있어요?"

"고기를 무한으로 줄 수 있는 이유는 바로 공급 가격을 떨어뜨렸기 때문이야. 손님한테 주는 고기와 반찬 자체를 다른 식당보다 싸게 사 올 수 있다면 다른 식당보다 싸게 팔 수 있지."

"그럼 이 집 고기는 싸구려예요?"

"아니야, 그렇지는 않아. 지금 이 식당과 같은 간판의 식당이 할아버지댁 앞에도 있고, 외할머니 댁 근처에도 있잖아. 이렇게 전국에 이름이 똑같은 식당이 있는 것을 프랜차이즈 식당이라고 해. 똑같은 식당이 많아질수록 한 개의 식당을 운영하는 사람보다 똑같은 고기 100킬로그램을 산다고 하면 더 싸게 살 수 있어. 왜냐하면 한 개의 식당은 100킬로그램의 고기밖에 살 수 없지만 100개나 되는 프랜차이즈 식당 한 곳에서 한 번에 사는 고기의 양이 100킬로그램이라면 100 곱하기 100 해서 만 킬로그램의 고기를 사게 되거든. 그럼 돼지를 키우는 농장 주인 입장에서는 100킬로그램의 고기를 사는 사람이 중요할까, 아니면 만 킬로그램의 고기를 사는 사람이 중요할까?"

"당연히 만 킬로그램이나 고기를 사는 사람이죠. 돈을 엄청 벌게 해주잖아요."

"그렇지. 그러니깐 더 많은 고기를 사는 사람에게 더 좋은 제품이 더 싸게 공급될 수 있는 거야. 이것이 자본주의 시장에서 말하는 '규모의 경제'란다."

"그럼 다른 사람들보다 많이 먹는 우리 집도 다른 집보다 좋은 고기를 주겠네, 히히."

아빠의 설명에 농담으로 받아치는 아들의 모습을 보고 있으니 제법 많이 컸다는 생각이 들었습니다. 규모의 경제는 무한리필 식당뿐 아니라 부동산 시장에서도 동일하게 적용이 됩니다. 부동산 투자 상품도 다른 것과 비교해서 더 수익률이 좋거나 입지적으로 우수한 상품은 상대적으로 돈이 많은 고액 자산가에게 먼저 가는 것이 당연한 이치입니다. 왜냐하면 고액 자산가는 더 많고 더 큰 부동산 상품에 투자할 수 있는 능력과 기회가 많은 데 비해 돈을 적게 가지고 있는 사람들은 하나의 부동산에 투자를 하고 나면 더 이상 투자할 수 있는 돈이 없는 경우가 많기 때문이죠. 즉, 부동산 투자 상품을 공급하는 입장에서 소액투자자는 지속적이지 않은 단발적인 손님에 불과하게 느껴질 것입니다. 그래서 투자할 돈이 여유롭지 않은 일반 사람들일수록 더욱 부동산과 시장경제에 대해서 공부를 해야 합니다. 왜냐하면 내가 가진 돈이 부족할수록 상대적으로 좋지 않은 투자 상품이 나에게 올 확률이 높으며, 그것을 가려내야 하는 눈이 절대적으로 필요하기 때문입니다. 또한 부자는 한 번의 투자에 실패해도 다른 투자를 할 여유가 있지만 그렇지 않은 사람은 한 번의 투자 실패로 더 이상 일어설 수 없을 정도로 힘들어지기도 하기 때문에 부동산 투자에 대한 공부는 더욱 중요하답니다.

정리해볼까요

· 자본주의 시장에서 규모의 경제는 '대량생산이 판매비용을 낮춘다'의 의미겠지만 투자시장에서는 '자본이 많은 부자에게 상대적으로 더 좋은 물건이 간다'라고 해석될 수도 있습니다.

· 그러나 일반인들은 자신이 특별하다고 생각하고 이런 현상을 무시한 채 '싸고 좋은 것'을 찾죠. 현실을 무시한 이러한 욕심은 부동산뿐만 아니라 그 어떤 투자를 하더라도 실패의 확률을 높이는 첫걸음이 될 것입니다.

무한리필 식당뿐만 아니라 창고형 마트인 코스트코, 이마트 트레이더스 같은 곳에서도 동일한 설명이 가능합니다. 사람들이 마음 놓고 소비할 수 있는 환경에서 상품을 다량으로 제공할 때 규모의 경제를 통해 이윤의 창출이 극대화되기 때문입니다. 자녀와 함께 고기를 먹으면서 위와 같은 대화들을 나눠보세요. 어른들은 생각지도 못한 의외의 답변이 나올 수도 있습니다.

마케팅의 함정에서 벗어나기:
착한 소비의 함정

"환경을 보호하려면 나무로 된 칫솔을 써야 한대요. 우리도 칫솔 바꿀까요?"

오늘도 아이들과 함께 저녁을 먹으면서 학교에서 무엇을 배 웠는지 이야기를 했습니다. 초등학교 저학년인 아들은 학교에 서 환경 보호에 대해서 배웠다고 합니다. 그래서 저는 아들에 게 환경 보호가 무엇이고, 어떻게 해야 환경을 보호할 수 있는 지 물어보았습니다.

"지구가 아프지 않게 하는 것이 환경 보호래요. 환경을 보호하지 않으면 북극곰이 먹을 것이 없어져서 죽는대요. 그래서 우리는 북극곰을 지켜야 한대요."

환경 보호는 모두의 동참이 필요한 일이며, 무엇보다 교육을 통해서 그 중요성을 인식하는 것이 선행되어야 합니다. 저는 아이의 답변에 동의하며 칭찬해주었습니다. 나아가 여기서 그치지 않고 비슷한 사례를 들어주어 심리적으로 아이들의 의견을 지지해주고 발전시켜주는 것이 좋습니다.

"맞아. 아빠가 하는 일인 부동산 개발에서도 환경이 매우 중요하단다. 그래서 건물을 지을 때 석유 연료 대신 태양광을 이용하는 발전시설을 만들기도 하고, 이산화탄소 배출을 줄이기 위해서 고효율의 보일러나 에어컨을 사용하기도 해. 이렇게 환경 보호를 위해서 모두가 노력을 하고 있지."

이렇게 얘기하면 어린 자녀가 무슨 말인지 못 알아듣지 않을까 염려될 수도 있습니다. 그러나 아이들은 자신이 학교에서 배운 것들에 대해 부모가 이야기를 해주면 더 깊은 관심을 갖게 됩니다. 그리고 대화 중에 아이가 모르는 단어는 부모가 풀어서 설명해줄 수도 있기 때문에 자녀가 너무 어려워할까 봐 걱정할 필요는 없습니다. 물론 때로는 설명을 하는 부모도 단어 하나하나의 뜻을 정확히 모르는 경우가 발생하기도 합니다. 저 역시 종종 그런 경험을 합니다. 그럴 때는 아이와 함께 인터넷 사전에서 단어의 의미를 찾아보는 것도 교육의 일부분이며, 그 과정을 거치면 아이들의 머릿속에서도 쉽게 잊히지 않는 긍정적인 효과를 가질 수 있습니다. 부모와 함께 모르는 것들에 대해서 찾아나갈수록 아이들은 신나서 자신이 알고 있는 것들에 대해 더욱 적극적으로 이야기를 합니다.

"환경을 보호하기 위해서 칫솔도 대나무 칫솔로 바꿔야 한대요."

"그래? 그건 어디서 배웠어?"

"인터넷에서요. 지금처럼 플라스틱 칫솔을 쓰면 환경이 파괴된대요."

"그래? 대나무 칫솔로 바꾸는 것도 좋긴 한데 지금 우리는 사놓은 칫솔이 있으니 이걸 먼저 아껴서 잘 쓰는 게 좋겠다. 그럼 환경 보호를 위해 우리가 또 할 수 있는 것부터 하나씩 이야기해볼까?"

부모가 자녀의 말을 듣고는 충분한 고려 없이 바로 대나무 칫솔을 구매한다면 그 순간은 환경 보호를 실천하는 행동으로 보일 수 있습니다. 그러나 그렇게 새로 구입한 대나무 칫솔이 치아에 맞지 않거나 대나무 칫솔을 샀다가 무슨 이유에서건 결국 다시 플라스틱 칫솔을 사용하게 된다면, 결국 자녀의 눈에는

착한
종이

환경보호
샴푸

건강한
음료

유기농
과자

무지방
젤리

환경 보호가 생각날 때만 하는 단편적인 이벤트에 불과하게 느껴질 것입니다.

특히 '환경 보호'란 말처럼 긍정적인 의미를 가진 단어, 꼭 해야만 하는 느낌을 주는 단어가 상품과 연결이 될 때는 주의를 기울여야 합니다. 기업에서 긍정적인 의미의 단어를 이용해 소비를 촉진하는 마케팅 기법을 소비자가 느끼지 못할 정도로 자연스럽게 몰래 사용하는 경우가 많기 때문이죠. 어떤 상품의 이름이나 의미가 사회를 좋은 방향으로 이끄는 좋은 뜻을 가지고 있다면 사람들은 그 단어가 붙은 상품을 소비하면서 자신의 소비를 합리화하는 경향을 보여줍니다. 예를 들면 친환경, 유기농, 환경 보호, 무지방, 제로 슈가ZERO SUGAR, 착한, 국민 등의 긍정적인 느낌을 주는 단어가 상품 앞에 붙어 있을 때 사람들은 그 상품이 자신에게 꼭 필요한지 혹은 효능이 비슷한 제품과 비교했을 때 우수한지를 구체적으로 확인하지 않은 채 구매를 하는 경향이 있습니다.

아이들은 자신에게 주어진 정보가 진실인지 혹은 광고나 홍보인지를 구별하는 능력이 성인에 비해서 현저히 떨어집니다. 따라서 인터넷에 있는 영상이나 게임을 보고 그것이 옳은지 옳지않은지 판단하지 않은 채 모방을 하기도 하는 것입니다. 자녀에게 본인에게 필요한 정보와 광고를 구분하는 능력을 길러주고, 필요에 따라 소비하는 올바른 경제관념을 길러주려면 부모는 끊임없이 질문해야 하고 그것에 대한 답을 함께 찾아나가야합니다.

정리해볼까요

· 환경을 보호하는 일은 매우 중요합니다. 그러나 소비를 통해 환경 보호를 하는 데에는 한계가 있으며, 기업에 의해 환경 보호가 마케팅 기법으로 활용되는 경우도 있습니다.
· 따라서 환경 보호를 하기 위해서 새로운 소비를 하는 것보다 재활용을 하거나 안 쓰는 물건을 중고거래를 통해 파는 것이 환경 보호뿐 아니라 올바른 소비습관과 돈의 소중함도 배울 수 있는 방법입니다.

◆ 함께 실천해보세요

돈을 쓰지 않고 오히려 돈을 벌면서 환경 보호를 실천할 수 있는 일을 함께 해보세요. 쓰레기 분리수거, 빈병 팔기, 설거지 줄이기, 전원 코드 뽑기 등을 통해 절약되는 돈의 크기를 보여줄 수 있습니다. 집에서 안 쓰는 물건들을 아이와 함께 가격을 책정하여 중고거래를 할 수도 있습니다.

공부는
보상이 아니에요

"이번 시험에서 100점 맞고 반에서 1등 하면 컴퓨터 사주면 안 돼요?"

저는 어린 시절에 컴퓨터가 너무나도 갖고 싶었습니다. 당시에는 컴퓨터가 비싸기도 했고, 컴퓨터로 게임을 한다는 것은 상상할 수 없을 정도로 재밌고 주위의 부러움을 사는 일이었죠. 컴퓨터만 가질 수 있다면 뭐든지 다 할 수 있을 것 같았습니다. 그래서 저는 용기를 내서 부엌에서 요리를 하고 있던 엄마의 뒤통수에 대고 말했습니다.

"엄마! 나 이번 시험은 진짜 공부 열심히 해서 1등 할 테니까 컴퓨터 사주세요!"

이 말은 저도 나름 큰 용기를 낸 것이었습니다. 공부를 그리 열심히 하지 않았거니와 1등을 해본 적도 없는데, 컴퓨터를 위해서 진짜 목숨 걸고 최선을 다해보겠다고 생각하고 외친 말이었거든요. 저는 이러한 저의 다짐을 듣고 엄마가 환하게 웃으며 "우리 아들 대견해. 1등 하면 컴퓨터 꼭 사줄게"라고 하실 줄 알았습니다. 그러나 엄마는 뒤에서 소리치는 나를 돌아보지 않고 말씀하셨습니다.

"그렇게 1등 할 거면 공부 안 해도 돼. 왜 네가 1등 하는데 내가 컴퓨터를 사줘야 돼? 엄마 위해서 공부하니? 그럴 거면 공부하지 마라."

큰 다짐을 했던 나에게 엄마의 시큰둥한 대답은 큰 충격이었습니다. 다른 엄마들은 1등만 하면 원하는 것 다 사준다는데, 우리 엄마는 내가 공부하기를 바라지 않는 사람처럼 보였죠. 엄마는 내가 공부 한번 해보겠다는데 왜 이러실까 한참 실의에 빠져 살았습니다. 엄마의 이 말 뜻을 이해하는 데에는 오랜 시간이 필요했습니다.

공부를 한다는 것은 엄마, 아빠를 기쁘게 하기 위해서도 아니고, 돈을 많이 벌기 위해서 하는 것도 아니며, 남들이 좋다고 하는 의사, 변호사 같은 전문적인 직업을 갖기 위한 것도 아니었습니다. 나이가 들고 세상을 알아갈수록 공부와 행복, 돈, 직업이 서로 어느 정도 영향을 미칠 수는 있지만 그렇다고 반드시 공식처럼 공부—좋은 직업—돈—행복의 순서로 연결되어 있지는 않는다는 것을 알게 되었죠. 그래서였는지 저의 어머니는 어린 시절부터 공부를 열심히 하라고 재촉하시거나 학교에 자주 찾아오시지도 않았습니다. 대신에 제가 무언가를 배우고 싶다고 하면 어려운 환경에서도 꼭 그것을 배울 수 있는 방법을 찾아주셨습니다. 그게 반드시 공부랑 연관된 것이 아니어도 말이죠.

 아직도 기억나는 것은 제가 중학교 시절 기타를 배우고 싶다고 했을 때 저렴한 기타를 하나 사주시고는 지인을 통해 교회의 작은 공간을 빌려서 기타를 배우게 해주셨던 일입니다. 심지어 저는 교회를 다니지 않았음에도 말입니다. 중국어를 배우고 싶다고 하자 화교들이 공부하는 학교를 찾아가서 배울 수 있게 해주셨으며, 영어를 배우고 싶다고 하자 미군 부대에서 주말에 나오는 군인들을 통해 영어를 배우기도 했던 기억이 납니다. 생각해보면 당시에는 우리 가족이 지방에 살고 있었고, 부유하게 살지도 않았기 때문에 좋은 학원에는 보내지 못하고 이런 방법으로 어렵게 저를 키워주신 것 같습니다.

이런 경험이 쌓일수록 '공부라는 것은 내가 하고 싶은 것을 하기 위해 필요한 수단 중 하나'라는 생각이 들었습니다. 특히 저는 어린 시절에 자동차를 좋아해서 자동차 산업이 발달한 독일을 가고 싶었습니다. 그래서 독일에 갈 수 있는 방법을 물어보자 어머니는 외교관이 되면 갈 수 있다 말씀해주셨고, 저는 외교관이 되기 위해서는 공부를 잘해야 한다는 생각으로 공부를 열심히 했던 것 같습니다. 이렇게 큰 꿈을 꾸기도 했지만, 사실 공부라는 것은 학생의 신분으로 내가 당연히 해야 할 일이라고 생각했던 것 같습니다. 좋은 대학을 가는 것을 목표로 공부하기보다는 공부란 학생이면 어차피 해야 하는 것이고, 그 약속을 잘 지켜야 나중에 제가 살고 싶은 삶을 선택할 수 있을 것이라고 생각했습니다.

저 역시 아이들이 공부가 좋은 대학과 좋은 직업을 갖기 위한 수단이 아니라 학생이면 자연스럽게 해야 하는 것으로서 그 목적을 스스로 찾게 하고 싶습니다. 그래서 지금 제가 맡은 일에 최선을 다하는 모습을 보여주려고 하고, 그건 제 아내도 마찬가지입니다. 부모가 각자의 역할에서 성실하게 노력하는 모습을 보여줘야 아이들도 학생이라는 역할에 최선을 다할 것이기 때문이죠. 예를 들어 기업에서 직원을 채용할 때 학벌을 보는 이유도 학벌이 좋을수록 지식이 많아서 채용하는 것이 아니라 맡은 역할에 대한 성실성과 충실함을 가늠할 수 있는 지표이기 때문이라는 말이 있을 정도입니다.

저는 결혼을 하고 아이를 낳은 이후에야 대학원 석사와 박사 과정을 졸업했습니다. 제 아내도 마찬가지였죠. 낮에는 회사를 다니고, 아이들이 잠든 시간에 공부를 하고 논문을 썼습니다. 그래서 지금은 교수의 삶을 살고 있습니다. 만약 어린 시절 제가 그렇게 원하던 컴퓨터를 얻기 위해서 공부를 했더라면 누군가 컴퓨터를 사주지 않아도 되는 나이가 된 지금 이렇게 공부를 하지는 않았을 것입니다. 제가 하고 싶은 것이 있고, 그것을 위한 길에 공부가 필요하다면 결국 공부는 평생 해야 하는 것이었죠. 아이들에게 이런 마음을 심어주고자 오늘도 우리 가족은 함께 앉아서 공부하고, 책도 읽으며, 밖에서는 각자 자신이 맡은 역할에 최선을 다하고 살고 있답니다.

정리해볼까요

· 아이들이 공부를 하는 것을 어떤 보상을 받기 위해서 하는 것으로 생각 되게 해서는 안 됩니다.

· 부모가 공부에 따른 대가를 지불해줄 수 있는 것은 한계가 있고, 그 대 가가 사라지면 아이들이 공부를 할 이유도 자연스럽게 사라지기 때문

입니다.

· 결국 아이들이 학생의 신분으로 꾸준히 공부를 하기 원한다면 부모가 먼저 맡은 역할을 충실히 하는 모습을 보여주시는 게 좋겠죠?

◆ 함께 실천해보세요

아이들이 성장하면서 원하는 것을 찾을 수 있도록 부모는 다양하고 많은 경험을 할 수 있게 지원해주어야 합니다. 비단 공부뿐만 아니라 아이들이 하는 행동을 부모가 함께 하면서 옆에 있어주는 것만으로도 아이들에게는 크고 든 든한 힘이 될 거예요.

4장

일상생활에서
부동산 인사이트를 키워보세요

맹자 엄마가 숨겨둔
자녀교육의 비밀

"맹자 엄마가 어린 맹자 공부 잘 하라고 학교 가까운 곳으로 이사를 갔대요."

교육을 위해서 학교 근처로 이사를 갔더니 어린 맹자가 공부를 열심히 해서 성인군자가 되었다는 '맹모삼천지교孟母三遷之敎'는 모르는 사람이 없을 정도로 유명한 이야기입니다. 자녀 교육에 있어 학군과 주변 환경의 중요성을 설명할 때 꼭 등장하는 이야기죠. 그래서인지 아파트 분양 홍보지에 빠지지 않는 문구이기도 합니다. 이 말이 얼마나 유명한지 초등학교 아이들까지 모두 알고 있을 정도입니다. 초등학교 저학년인 우리 아이도 알 정도니까요. 우리는 이 말을 들을 때면 맹자의 엄마처럼 자녀 교육에 힘쓰지 않으면 왠지 안 될 것 같은 느낌을 받기도 합니다.

그런데 저는 맹모삼천지교에 대해서 조금 다르게 생각합니다. 맹자가 학교가 가까운 곳에 살았기 때문에 훌륭한 사람이 되었다거나 성공했다는 말은 옳지 않다고 생각합니다. 만약 그렇다면 맹자가 학교 근처로 이사 오기 오래전부터 그 동네에 살았던 어린이들이 더 실력 있는 성인군자가 되었어야 하기 때문입니다. 즉, 부동산의 입지에 따른 환경도 중요하지만 더 중요한 것은 개인의 능력과 의지라는 점입니다. 진정한 맛집은 굳이 교통이 좋거나 사람들이 유동인구가 많은 위치에 있지 않아도 입소문을 타고 손님들이 알아서 찾아와 줄을 서는 것과 비슷합니다. 반대로 아무리 유동인구가 많고 임대료가 비싼 좋은 위치에 있는 식당이라도 맛이 없으면 사람들이 찾지 않죠. 그렇게 개인의 성공에도 맛집처럼 단순히 입지적인 측면보다는 본인의 능력과 의지가 미치는 영향력이 훨씬 크다는 거죠.

두 번째는 맹자가 학교 근처로 이사 오기 전에 살던 곳이 어땠는지에 대한 생각입니다. 맹자는 처음에는 공동묘지 근처에서 살았습니다. 그래서 상여를 옮기거나 곡을 하는 것을 흉내

냈다고 하죠. 그 모습을 보고 맹자의 어머니는 시장 근처로 이사를 갑니다. 맹자는 그곳에서 친구들과 상인들이 물건을 파는 모습을 따라하면서 지냈다고 합니다. 이 모습을 본 맹자의 어머니가 이번에는 학교 근처로 이사를 가자 맹자가 드디어 공부를 했다고 하죠. 하지만 저는 맹자가 공부를 한 이유가 학교가 옆에 있어서가 아니라 공부를 해야 하는 이유를 찾았기 때문이라고 생각합니다.

처음 살던 묘지 근처는 아마 많은 사람들이 살지 않았을 것으로 생각됩니다. 아무래도 묘지가 있는 지역이니 시내에서는 조금 떨어져 있었을 테고 주변에 산도 있었겠죠. 맹자는 이곳에서 삶과 죽음에 대한 것을 배웠을 것입니다. 인생을 쓸데없이 낭비한 사람들의 마지막이 얼마나 외롭고 비참한지를 보았을 것이고, 반대로 최선을 다해 열심히 살았던 사람들의 죽음 앞에 사람들이 얼마나 슬퍼하고 그리워하는지를 보았을 것입니다. 즉, 삶에 얼마나 충실하게 살아야 되는지를 어린 시절부터 처절하게 느꼈을 것입니다.

어린 맹자가 묘지 근처에서 삶에 대한 성실성을 배웠다면, 다음으로 이사를 간 시장에서는 경제적 시장 논리, 거래와 협상 그리고 장사를 하는 사람들의 열정적인 삶을 배웠을 것입니다.

국가를 다스리거나 정치를 하는 사람이라면 단순히 책을 많이 보고 공부를 잘하는 것보다 더 중요한 것이 있습니다. 사람들의 실제 삶을 이해하고, 이를 통해 사회를 바라보는 눈을 길러야 합니다. 그래서 정치인들이 선거철만 되면 시장에 가서 그렇게나 악수를 많이 하나 봅니다. 아무튼 맹자가 살던 그 시절에도 국가를 다스리는 사람의 안목을 기르는 데 시장만큼 좋은 곳도 없었을 것입니다. 시장에는 서로 다른 지역에서 온 상인들이 모여 있을 테고, 그에 따른 지역 특산물과 그것들의 장단점을 파악할 수 있었을 것입니다. 또한 어떤 상품이 시장에서 중요한지, 어떻게 비싸게 판매가 되는지, 거래와 협상은 어떻게 하는지를 하나하나 보았을 것입니다. 그렇게 맹자가 관료가 되고 가르침을 베풀 때 머릿속에 그림처럼 있었던 시장의 모습은 큰 효과를 발휘했을 것입니다.

맹모삼천지교에서 보듯이 부동산과 자녀 교육은 밀접한 관계가 있습니다. 부동산은 눈에 보일 뿐만 아니라 실생활에 영향을 미치는 환경을 이루기 때문이죠. 이런 부동산을 보고 자녀와 이야기를 할 때 주변에 묘지가 있어서 우울하다, 시장이 있어서 시끄럽다 등과 같이 부정적인 면을 말하면 아이들은 부정적인 요소만 뽑아내어 학습합니다. 반대로 지역이 가진 나름의 장점을 알려주면 아이들은 그 장점을 극대화하죠. 그리고 넓은 세상을 보고 실제로 느끼고 아는 것이 많아질수록 살면서 맞닥뜨릴 새로운 상황에 도전할 수 있는 힘이 되는 것입니다. 어린 맹자도 마찬가지였을 것입니다. 세상의 모든 현상에는 배울 점이 존재하니까요.

정리해볼까요

- 학군지나 그 가까이에 살면서 공부하는 데 도움이 되는 환경을 만들어 주는 것은 물론 중요합니다.
- 하지만 더 중요한 것은 자녀에게 더 넓은 세상과 다양한 삶의 모습을 보여주고, 그 안에서 장점을 뽑아낼 수 있는 연습을 하게 해주는 것입니다.
- 세상을 보는 시각을 조금만 바꾸어도 아이들은 많은 것을 배운답니다.

◆ 함께 실천해보세요

내가 살고 있는 지역에 어떤 특징, 어떤 현상이 있는지 아이들과 토론하며 찾아보세요. 예를 들어 집 주변에 대형마트가 있다면 그 안에서 일어나는 활동과 사람들의 행동을 관찰해보세요. 자신의 주변 환경을 세심하게 관찰하는 습관은 세상을 더 넓고 깊게 볼 수 있는 뿌리가 될 것입니다.

부동산 투자 교육의 일상화

"이번에는 돌고래처럼 생긴 기차가 지나가네! 우리 저거 타요!"

아이들은 기차를 좋아합니다. 여러 칸의 객차가 이어져 사람들을 싣고 지나가는 기차의 모습을 보면 저 역시 어디론가 떠나고 싶은 마음이 들죠. 우리 아이는 기저귀 차고 유모차를 탈때부터 기차 구경하기를 정말 좋아했습니다. 그래서 저는 주말이면 유모차를 끌고 기차가 다니는 곳으로 아이를 데리고 나갔죠. 다행히 당시에 저는 1호선을 비롯해 여러 지하철 노선과 기차가 지나가는 역 근처에 살고 있었습니다. 플랫폼에서 기차가 왔다 갔다 하는 모습을 보고 있는 아이는 무척 조용했습니다. 그렇게 몇 시간을 지하철역에서 구경을 하고 지하철역 화장실에서 기저귀를 갈아주곤 했습니다. 그러던 어느 날 교통카드를 찍고 들어갔는데 이렇게 한곳에 앉아서 아이와 기차만 구경하는 게 억울하다는 생각이 들었습니다. 그때부터였습니다. 아이와 지하철과 기차를 타고 무작정 전국을 누비기 시작했죠.

 아이들과 지하철을 탔습니다. 어차피 교통카드를 찍고 들어왔는데 아이들과 가만히 플랫폼에 앉아서 지하철 구경만 하지 말고 갔다가 다시 돌아오면 되니 어디든 가보기로 했습니다. 지하철역 안에는 편의점과 화장실도 있고 간식을 사 먹을 곳도 많기 때문에 아이들을 데리고 떠나기에 이보다 좋은 환경도 없었습니다. 아이들도 아빠랑 지하철 타고 다니는 것을 너무 재미있어 했고, 저 역시 주말에 아이들을 데리고 목돈이 드는 키즈카페나 놀이동산에 놀러가는 것보다는 비용이 훨씬 저렴한 지하철을 타고 아이들과 시간을 보내는 것이 좋았습니다. 처음에는 지하철을 타고 한강을 부지런히 건너 다녔습니다. 아이들은 지하철을 타고 한강을 지날 때마다 창밖을 보면서 무척 좋아했죠. 그러다가 좀 더 발전하여 지하철 노선별로 지상으로 다니는 구간을 찾아서 다녀오기 시작했습니다. 어느새 아이들은 각기 다른 색깔로 지하철 노선을 판단하기 시작하더군요.

그렇게 여러 노선을 타다 보니 이동하는 데에 시간이 많이 걸렸습니다. 그래서 중간에 사람들이 많이 이용하는 지하철 환승역에 내려 밥을 사 먹기도 했습니다. 아이들은 양평 방향으로 가는 경의중앙선, 인천 방향으로 가는 1호선, 그리고 신도림에서 지상으로 올라오는 2호선을 특히 좋아했습니다. 지하로만 다니는 지하철은 몇 번 타보더니 금세 질려하는 듯해서 중간에 내려 아이들과 밥을 사 먹으며 자연스레 어느 역이 더 사람들이 많이 이용하는지, 왜 그렇게 되었는지에 대해 이야기를 나누었습니다. 그리고 어느 날부터는 지하철역 밖으로 나와 주변에 뭐가 있는지 둘러보게 되었죠. 대개는 김밥이나 칼국수 같은 간단한 음식을 먹고 지하철을 타고 다시 돌아왔지만 아이들은 정말 즐거워했고, 저도 수도권의 지역을 임장하는 데 큰 도움을 받았습니다.

그렇게 장거리 지하철 여행이 발전되어 이제는 기차를 좋아하는 아이들을 위해 가끔 서울역, 용산역 그리고 수서역까지 가서 기차를 보기도 했습니다. 저 역시 지하철을 타는 목적이 어디를 가는 것이 아니라 단순히 지하철을 타기 위한 것이라는 이 상황이 무척 재밌었죠. 그러던 어느 날 아이가 놀라운 제안을 했죠.

"KTX랑 저 빨간 돼지 기차랑 저 2층 기차랑 다 타보고 싶어요."

여기서 빨간 돼지 기차는 ITX 새마을호이고, 2층 기차는 ITX 청춘기차입니다. ITX 새마을호를 보면 맨 앞에 동그란 구멍 두 개가 콧구멍처럼 뚫려 있어서 아이는 빨간 돼지라고 말하더군요.

"좋아. 타보자!"

저는 흔쾌히 승낙했고, 그때부터 기차 여행의 스케일이 점점 커지기 시작했습니다. 먼저 지하철을 타고 서울역이나 용산역에 가서 기차를 탑니다. 어딘가를 가기 위한 목적은 없습니다. 그냥 기차를 타고 싶어서 기차를 타는 것입니다. 그렇게 KTX, KTX 산천, SRT, ITX 새마을, ITX 청춘, 새마을호, 무궁화호, 통근열차까지 운행하는 기차는 거의 다 타본 것 같습니다. 당일로 너무 멀리 갈 순 없어서 대부분의 코스는 서울에서 대전역까지였습니다. 대전역은 호남선과 경부선이 만나는 곳으로 이용할 수 있는 기차도 많고, 노선을 보면서 전국의 여러 지역에 대해서 설명하기도 아주 좋았습니다. 또한 기차를 타고 대전역에 들어설 때면 아직 다니지 않는 최신형 기차인 '해무'를 구경할 수 있었기 때문에 아주 좋은 코스였죠. 그렇게 수도권에서 출퇴근이 가능한 기차역을 다니며 중간에 내려 간단한 식사도 하고, 돌아오는 길에 피곤한 아이들이 잠에 들면 저는 아내와 부동산이나 동네 이야기를 나눴습니다. 이렇게 아이들과 함께 하는 임장 여행은 지금도 계속되고 있습니다.

　누군가는 지하철이나 기차를 타는 것이 무슨 교육 효과가 있겠냐 하고 생각할 수도 있습니다. 그러나 많은 사람들이 어느 역 주변이 좋다고 하는 걸 그냥 듣고 마는 것과 지하철이나 기차를 타고 가서 직접 보는 것과는 큰 차이가 납니다. 또한 어떤 목적을 위한 방문이 아니라 그 지역과 주변을 보기 위해 가는 것이라면 가는 시간 동안 드는 생각과 느낌이 남다를 것입니다. 예를 들어 지하철 노선표를 보고 단순히 대중교통으로 다닐 수 있겠다는 사실을 확인하는 것과 실제 내가 다녀보면서 출퇴근이 가능한지 체크해보는 것에는 차이가 있습니다. 실제 수요자의 범위를 파악하기도 좋죠. 다른 사람의 말로 듣는 출퇴근 한 시간의 거리와 내가 직접 느끼고 체험하는 한 시간의 오차는 상당히 크기 때문입니다.

　또한 고속철도나 지하철이 정차하는 역 주변의 아파트가 정말 좋은지도 확인할 수 있습니다. 새로운 역이 개통했다고 해서 그 역에 실제로 가보면 열차 배차시간 간격이 너무 길거나, 역에서 아파트까지의 거리가 멀어서 역에서 내린 후 버스를 한 번 더 타고 아파트까지 들어가야 한다면 아무리 새로운 역에서

부동산 여행기차

철도가 빠르게 달리고 지하철 노선이 좋더라도 Door to Door 시간이 길어지기 마련입니다. 따라서 이렇게 되면 역세권이라는 말이 무용지물이 되어버리죠. 그럴 땐 오히려 한 번에 서울로 들어오는 버스정류장의 위치와 노선을 눈여겨봐야 합니다. 이런 것을 알기 위해서 아이들과 지하철을 타고 나갔다가 버스를 타고 돌아온 적도 많았습니다. 아이들은 버스를 타는 것 자체가 마냥 즐거웠죠. 부모님이 조금 노력하면 아이들에게 이렇게 부동산과 교통과 관련한 체험을 시켜줄 수 있고 색다른 추억을 쌓을 수 있을 뿐만 아니라 주말에 아이들과 놀기 위해 쓰는 돈도 아낄 수 있답니다.

정리해볼까요

· 아이들은 기차를 타는 것 자체가 즐거워 기차를 탑니다. 그만큼 목적보다는 과정을 즐길 줄 아는 것이겠죠.
· 부동산 투자도 꾸준히 하기 위해서는 그 과정을 즐길 줄 알아야 합니다.
· 돈을 벌 수 있는 부동산을 찾겠다는 목적에만 급급해서 투자를 하는

순간, 실제 그 부동산을 이용할 실수요자들의 생활이 무시된, 즉 현실과 동떨어진 부동산에 투자하게 될 수도 있습니다.

아이들과 함께 부동산을 찾아가는 과정을 기차 여행처럼 재미있게 만들어보세요. 자가용이 있는데 힘들게 왜 대중교통을 이용해야 하는지 생각하지 말고, 그 과정에서 아이들과 함께 몸소 부동산의 입지와 교통에 대해서 알아간다고 생각해보세요. 그럼 아이들과 함께하는 그 시간이 매우 소중하게 느껴질 것입니다. 돈도 아낄 수 있고, 추억도 쌓고, 실수요자들의 입장에서 부동산에 대해서 많이 배울 수 있으니 이보다 더 좋은 방법은 없겠죠.

도시 탐험으로
부동산 시야 넓히기

"여기는 할머니네 집 앞에 있는 곳이랑 비슷하게 생겼네요. 여긴 엄마 친구 동네랑 비슷해요!"

 주말이 되면 우리 가족은 집에 있는 일이 거의 없습니다. 주말이면 스마트폰으로 지도 어플을 켜고 한 번도 가보지 않은 도시를 선정해서 무작정 가보는 거죠. 이유도 없이 뭐 하러 가는지 궁금하실 거예요. 다름 아니라 부동산을 보러 가는 것입니다. 그렇게 새로운 도시에서 가볼 만한 곳을 검색해보면 다양한 장소를 볼 수 있습니다. 그중에는 카페나 어린이 시설처럼 입장료를 내야 하는 곳들도 있지만 지역에서 운영하는 박물관, 놀이터, 무료 공원도 많습니다. 새로운 지역에 갔다고 해서 꼭 색다르게 놀아야 하는 것은 아닙니다.

"놀러갈 때 가지고 갈 것 챙겨놔."

그러면 아이들은 전국 어디에 가더라도 가지고 놀 수 있는 물건들을 챙깁니다. 축구공, 연, 잠자리채, 배드민턴채, 킥보드, 인라인 등도 챙기고, 주변에 발을 담글 수 있는 계곡이나 하천이 있는 도시라면 수건과 갈아입을 옷을 챙기기도 합니다. 그렇게 새로운 도시들을 찾아다니는 이유는 아이들에게 넓은 세상과 다양한 장면들을 보여주고, 많은 사람들과 만나게 하고 싶기 때문입니다.

사람들은 자기가 직접 눈으로 보거나 경험하지 못한 사실에 대해서는 거부감을 가집니다. 따라서 새로운 것을 받아들이거나 생각하는 것에 큰 어려움이 따르죠. 그래서 아이들의 사고력을 확장시키기 위해서는 새로운 환경에 자주 노출시켜주면서 새로운 것에 대한 거부감을 줄여나갈 필요가 있습니다. 아이들에게 최대한 많은 것을 보여주고 느낄 수 있게 해줘야 성장하면서 그 장면들을 바탕으로 생각의 범위가 확장될 수 있기 때문이죠.

"아빠, 여기는 외할머니네 집 앞 상가하고 비슷하네요. 또 여기는 우리 동네랑 비슷해요. 여기는 하남으로 이사 간 친구네 아파트랑 비슷하고요."

아이들은 창밖을 보면서 눈에 보이는 장면에 대해서 끊임없이 자신이 알고 있는 장면과 비교하면서 말합니다. 우리 아이들은 아주 어릴 때부터 차 안에서는 절대 휴대폰을 보거나 영상을 볼 수 없도록 교육을 했고 우리 부부 또한 그렇게 했기 때문에 창밖 풍경을 보는 일에 익숙합니다. 집에서는 휴대폰 게임을 하거나 영상을 보는 시간을 하루에 한 시간으로 서로 약속을 했죠. 물론 어른들도 그 약속을 지키고 있고, 휴대폰으로 업무를 해야 되는 경우는 미리 아이들에게 말을 하고 만집니다. 아이들이 주변 환경에 관심을 갖고 새로운 장면에 대해서 이야기를 하면 저는 꼭 설명을 붙여줍니다. 설명은 아이가 대화에 참여할 수 있도록 쉬운 질문을 중심으로 하죠.

"네가 보고 있는 지역이 외할머니네 집 앞하고 비슷한 이유는 나라에서 그 지역은 아파트를 만들지 말고 가게만 만드세요 하고 지정을 해서 그런 거야. 외할머니네 집 앞에도 10층짜리 네모난 상가들이 많고, 돈가스 가게도 있고, 대형 뷔페도 있고, 코인노래방도 있고, 빵집도 많잖아. 그렇게 사람들이 모여서 돈을 쓰는 지역을 상업지역이라고 해. 그래서 수많은 간판들이 걸려 있지. 옆에 있는 아파트를 보면 가게도 간판도 없잖아. 그

곳은 사람이 사는 지역이고, 여기는 장사를 하는 지역이지. 땅의 용도를 나눠 놓는 거야. 그럼 외할머니 집 앞에 있는 가게들 중에 뭐가 제일 좋아?"

"문어빵이 있어서 좋아요."

"맞아. 그런데 우리가 문어빵 먹을 때 돈을 내고 사 먹잖아. 그렇게 돈을 주고받는 행위가 일어나는 곳을 부동산에서는 상가라고 해. 우리 게임할 때 아이템을 주고받는 사람들을 상인이라고 하잖아. 상인의 '상'자랑 상업의 '상'자랑 상가의 '상'자는 모두 같은 뜻을 가지고 있는 한자야. 물건을 사고판다는 뜻이거든."

"그럼 저 아파트는 왜 친구네 집이랑 똑같이 생긴 거예요?"

"아파트는 방금 말한 상가처럼 물건을 사고파는 곳이 아니야. 그래서 상업지역이 아니라 사람들이 사는 지역, 즉 주거지역에 지을 수 있어. 그 주거지역 안에 아파트가 만들어진 시기가 비슷하면 아파트의 형태도 비슷하지. 왜냐하면 시대별로 아파트 디자인이 비슷하거든."

"그럼 친구가 살고 있는 하남이랑 여기가 똑같은 도시예요?"

친구가 이사 간 하남 미사신도시로 몇 번 놀러갔던 기억이 있었나 봅니다. 차를 타고 구리 갈매신도시를 지나가고 있었을 때의 대화입니다. 다른 지역으로 이사 간 친구가 있으면 새로

운 동네에 놀러갈 겸 오랜만에 친구도 만나게 해줄 겸 우리는 꼭 친구가 이사 간 동네에 가서 놀고 옵니다.

  그렇게 새로운 지역에 대한 친밀도를 높이면서 경험해보지 못한 환경에 대한 거부감을 낮춰주는 겁니다. 아무리 달라 보이는 지역과 도시일지라도 사람 사는 동네는 거의 비슷합니다. 새로운 동네에 가서 처음 보는 음식점에서 밥도 먹고 공원에서 놀고 오면 주말이 금방 지나갑니다. 아이들이 신나게 노는 사이에 저는 휴대폰 부동산 어플로 모바일 임장을 하거나 그 도시에 관련된 역사와 개발에 대한 이야기를 읽고는 아이들에게 설명을 해줍니다. 이렇게 우리 아이들은 전국 곳곳을 다니며 새로운 도시에 대해 설명을 듣고 또 놀면서 자연스럽게 부동산과 친해지고 있습니다.

정리해볼까요

- 아이들이 새로운 도시와 친해지고 부동산에 익숙한 사고방식을 만들어 주기 위해서는 현장에서 직접 체험할 수 있는 기회를 많이 만들어주는 것이 좋습니다.

- 사람들은 자신이 직접 보고 느낀 것에 대해서 더 많은 생각을 할 수 있는 능력을 가지고 있기 때문이죠.

◆ 함께 실천해보세요

이번 주말에는 아이들과 함께 지도를 펴고 새로운 도시로 떠나보세요. 아이들은 학교에서 새로운 지역에 대해서 많이 배우고 있습니다. 그래서 가보고 싶은 곳도 많죠. 부모가 멀리 가는 것을 부담스러워 하거나 힘들다고 생각하면 안 됩니다. 아이들의 생각과 시야를 확장시켜줄 수 있는 좋은 기회로 생각해보세요.

놀이터에서 배우는
좋은 아파트의 조건

"이 아파트는 워터파크도 있어요! 대박이야!"

"오늘은 새로운 놀이터 가볼까?" 아빠의 말에 두 아들이 졸래졸래 따라 나옵니다. 초등학교 저학년 때까지 우리 아이들은 휴대폰 게임을 거의 접하지 않았습니다. 게임의 빈자리를 부모가 채워주기로 하고 주말이면 꼭 놀이터에 가서 놀았습니다. 체력의 한계가 있기에 매주 멀리 외곽으로 나갈 수는 없으니 가끔은 집에서 가까운 거리에 있는 새로운 놀이터를 가보자며 한번도 가보지 않은 아파트 단지를 다니기 시작했습니다. 아파트 단지에 무작정 들어가 놀이터에서 노는 것은 절대 아닙니다.

아파트 단지에 들어가려면 우선 입구에서 차량 출입을 통제하는 차단기를 통과해야 합니다. 이때 솔직하게 아파트 보러 왔다고 하면 대부분의 차단기가 열립니다. 안 되는 곳은 상가 주차장이 따로 마련되어 있습니다. 그러면 그중 방문할 공인중개사사무소 이름을 대고 주차를 합니다.

아파트 단지에 주차를 하고 아이들과 함께 공인중개사사무소로 향합니다. 부동산 투자를 10여 년 넘게 해온 저에게 공인중개사사무소란 '지금 당장 필요한 집을 사기 위해 방문하는 곳'이 아니라 지역 정보를 수집하고 오랜 부동산 투자 노하우를 들으러 가는 일종의 포털 같은 곳입니다. 물론 그 지역과 단지에 대해 충분히 검토를 했고 투자할 만한 가치가 있다고 생각되면 아이들과 자주 가서 유대관계를 쌓았던 공인중개사사무소 사장님을 통해 투자를 진행합니다.

지금 당장 부동산을 사거나 팔지도 않을 건데 공인중개사사무소에 왜 가야 하는지 생각할 수도 있습니다. 하지만 저는 반대로 부동산을 사거나 팔아야 해서 부동산에 들어가자마자 5분 이야기하고 투자를 하거나 매각을 하는 것은 이치에 맞지 않다고 생각합니다. 단 몇만 원짜리 쇼핑을 할 때도 인터넷에서 가격을 비교하고, 나한테 맞는 제품인지 장단점도 알아보고, 후기를 보고 심지어 샘플까지 써봅니다. 그러면서 부동산은 사장님을 따라가서 5분도 안 되는 시간 동안 구경하듯 보고 계약을 하는 경우가 많죠. 이렇게 판단을 하면 그 어떤 투자라고 할지라도 성공할 확률도 낮고, 사전에 충분한 검토가 없었기 때문에 예상과 맞지 않아서 어려움을 겪는 경우도 생깁니다. 공인중개사사무소에 가는 것을 꼭 부동산을 사기 위해서가 아니라 부동산 투자자로서 몸소 체득하고 즐기러 가는 것이라 생각해야 합니다. 그렇게 아파트 단지를 둘러보며 놀이터에서 노는 것도 아이들에게 부동산에 관한 더 많은 정보를 주기 위해 시작되었죠.

"빨리 놀이터로 가봐. 여기 놀이터는 짚라인도 있대."
부동산 사장님의 설명을 어느 정도 들으면 아내와 아이들은 놀이터로 향하고, 저는 남아서 설명을 좀 더 듣습니다. 저는 부동산을 보러 갈 때는 항상 가족들과 다 같이 갑니다. 어렸을 때부터 부동산을 여러 각도에서 살피고 투자 관점에서 정보를 얻는 일이 일상이 되어야 성인이 되어서도 그 습관을 유지할 수 있기 때문이죠.

제가 이런 습관을 가지고 있는 데에는 저희 어머니의 영향이 컸습니다. 집을 짓는 일을 하셨던 외할아버지 덕분에 엄마도 이 집 저 집 다니는 것에 익숙하셨고, 그 엄마를 따라 저도 여러 집을 구경 다니면서 학창시절을 보냈죠. 어느 날은 모델하우스에 가서 구경을 했고, 또 어느 날은 어머니가 페인트를 칠하거나 도배하고 있는 모습을 옆에서 지켜보기도 했습니다. 그 영향 때문인지 어린 시절부터 부동산이라는 것은 제 삶의 일부였고, 지금 이렇게 부동산으로 밥벌이를 하고 있는 것 같습니다.

놀이터에서 놀고 있는 아이들을 보면서 아내와 저는 주위에 아이 아빠, 엄마 들이 하는 이야기를 주워듣습니다. 이 단지 주변 학교나 학원은 어떤지, 뭐가 편하고 실제 생활은 어떤지 알 수 있기 때문이죠. 그래도 궁금하면 주변 사람들에게 "여기 이사 오려고 하는데 이런 부분이 궁금해요"라고 물어보기도 합니다. 특히 이곳에 오래 사신 어르신께 여쭤보면 지역과 관련된 많은 이야기들을 들을 수 있어서 매우 좋답니다. 공인중개사 사장님은 손님에게 아무래도 장점 위주로 설명을 하기에 놀이터에서 수집하는 솔직하고 생생한 정보는 아주 귀하답니다.

막 입주를 시작한 신축 아파트는 집과 단지 커뮤니티를 구경하기가 더 쉽습니다. 아파트 공사가 끝나고 몇 달 동안은 입주 기간으로 출입문이 열려 있는 경우가 많습니다. 이 시기에는 대개 인테리어 업체에서 '구경하는 집'을 세팅해놓고 개방해서 보여주기 때문에 편하게 내부를 둘러볼 수 있습니다. 그렇게 신축 아파트 단지에 들어가면 멋진 정원과 최신식 놀이터,

수영장, 피트니스센터, 골프연습장뿐 아니라 어린이용 워터파크까지 있습니다. 아이들은 이런 시설들을 보면서 거의 30년이 되어가는 우리 아파트를 비교하며 무척이나 부러워하죠.

"우리 집도 이런 것 있으면 좋겠다. 매일 나와서 놀 수 있을 텐데……."

"우리 아파트에도 있으면 너무 좋겠지? 그런데 이런 시설을 운영하기 위해서는 돈이 많이 들어가기 마련이야. 그래서 이 아파트에 사는 사람들은 자기는 사용하지 않더라도 일정 부분 공용관리비로 돈을 내야 한단다. 이런 시설을 많이 이용하는 사람이라면 좋을 수 있지만 실제 이용할 수 있는 시간이 없는 사람이라면 손해라고 생각할 수도 있을 거야. 예를 들어 아빠는 골프도 안 치고 수영도 안 할 건데 아파트에 이런 시설이 있어서 돈을 내야 하면 억울하지 않을까? 그래서 무조건 좋은 시설들이 있는 단지가 누구에게나 좋다고 생각할 수는 없는 거야."

아이들은 단순히 부러운 마음으로 이야기를 했는데 아빠는 또 돈 이야기를 하는 것 같아서 뽀로통합니다. 하지만 이번 주에도 새로운 아파트 단지와 놀이터를 둘러보면서 아이들과 술래잡기, 숨바꼭질도 하고 부동산 교육도 하면서 알찬 시간을 보냈답니다.

정리해볼까요

- 아이들과 한 번도 가보지 않은 아파트 단지를 방문해서 공인중개사사무소에 들러 설명도 듣고 시원한 음료도 마시면서 새로운 놀이터를 체험해보세요. 아이들에게 부동산이 자연스럽게 스며들 수 있게 해주는 좋은 방법입니다.

- 아파트 주민들이 들려주는 이야기에 통해 진짜 귀한 정보를 얻을 수도 있답니다.

◆ 함께 실천해보세요

아이들에게 매일 가던 놀이터가 아니라 새로운 놀이터에 가보자고 해보세요. 그리고 다른 아파트 단지에 방문해서 구경을 해보세요. 집에서 챙겨간 킥보드를 타도 좋고, 놀이터에서 부모와 함께 놀면 좋은 추억이 될 거예요. 사소한 경험이지만 이런 경험이 쌓이면서 아이들은 부동산과 더욱 친해지고, 부모 역시 새로운 지역을 보는 눈이 생길 것입니다.

인테리어로
부동산 가치를 높인다고?

"진짜 벽에다 그림 그려도 돼요?"

저는 오랜 시간 부동산 투자를 해왔습니다. 주로 노후된 아파트나 빌라를 구입하여 새 집처럼 인테리어를 한 후 임대하여 월세를 받는 투자였습니다. 높은 월세를 받기 위해서는 인테리어 공사가 필수인데 모든 부분을 돈을 주고 맡기면 공사비가 너무 높아지기 때문에 월세를 놓았을 때 저에게 남는 것이 별로 없었습니다. 월세는 시세가 어느 정도 정해져 있습니다. 따라서 아무리 높은 공사비를 들여 예쁘게 인테리어를 하더라도 받을 수 있는 월세에는 한계가 있기 마련입니다. 저는 이러한 한계를 극복하기 위해 인테리어 공사 중 제가 할 수 있는 부분은 직접 해왔습니다. 그리고 혼자 할 수도 있지만 가족이 꼭 그 경험에 참여하게 했죠.

"얘들아, 오늘은 아빠랑 아빠가 공사하는 집에 가서 그림도 그리고 맛있는 것도 먹고 놀자. 거기 아파트 단지에 있는 놀이터가 재밌겠더라."

이 말에 아이들은 오늘도 엄마, 아빠를 따라나섭니다. 이 집 역시 연식이 있는지라 무척 허름했기 때문에 도배, 장판, 화장실과 싱크대 공사는 인테리어 가게에 맡겼습니다. 그러나 이번 투자에도 공사비를 조금이라도 더 아껴 수익률을 높이고자 스스로 공사할 수 있는 부분을 체크해 미리 자재들을 주문해놓았습니다. 도어락이나 문고리, 전기 스위치, 콘센트, 조명 그리고 작은 규모의 페인트칠 정도는 가족들과 함께 할 수 있습니다.

새로 투자한 집에 도착하자마자 두꺼비집에서 전원을 차단하고 의자에 올라가 조명을 뜯어냈습니다. 전기선을 자르고 연결하는 사이 아내는 옆에서 조명을 들고 있고, 아이들은 아빠의 말에 따라 연신 나사못을 가지고 왔다갔다합니다. 아이들은 아빠가 전동드릴을 들고 공사하는 모습을 신기하게 느끼는 것 같았지만 이내 곧 흥미를 잃었습니다. 이쯤 되면 아이들에게 새로운 놀이 거리를 주어야 하죠.

"챙겨온 물감은 있지? 벽에 마음껏 그림 그려봐."

이 말에 아이들은 무척 좋아하며 벽에 그림 그릴 준비를 합니다. 처음에는 정말 벽에 그림을 그려도 되는지 망설이기도 했습니다. 그러나 이런 일이 여러 번 반복되면서 아이들은 아빠가 공사하는 집에는 벽에 마음껏 그림을 그려도 된다는 사실을 알게 되었습니다. 그림을 그렸던 벽지가 나중에 모두 새 벽지로 교체되는 것을 보았기 때문입니다.

"아빠가 오래된 집을 사서 이렇게 새 집처럼 공사를 하고, 너희가 그림을 그린 벽지도 다 뜯어낸 다음에 새것으로 모두 바꾸는 이유가 뭔지 알아?"

"네. 그래야 사람들이 좋아하니까요."

"맞아. 아빠가 돈을 모아서 이 집을 샀어. 그럼 누군가가 이 집을 보고 마음에 들어 해야 아빠가 그 사람에게 이 집을 빌려주고 돈을 받을 수 있겠지? 그렇다면 다른 사람들이 봤을 때 깨끗한 집이 좋아, 아니면 아까처럼 그림이 막 그려져 있고 오래된 집이 좋아?"

"당연히 새집이 좋지요!"

"맞아. 그렇게 내가 가지고 있는 집을 다른 사람에게 더 높은 가격을 받고 빌려주고 싶다면 더 나은 환경을 만들어줘야 한단다. 그래서 아빠가 이렇게 너희들의 도움을 받아서 같이 공사를 하고 있는 거야."

 그렇게 이야기를 나누며 각자 할 일을 하고 있을 때 주문해놓은 짜장면이 도착했습니다. 가족들이 바닥에 신문지를 깔고 앉아 짜장면을 먹는 사이에 저는 나머지 공사를 하고, 점심을 다 먹고 난 아이들은 엄마와 함께 놀이터로 향했습니다. 이제 저는 혼자 할 수 있는 작업인 전기 부속품 교체나 페인트칠을 재빠르게 합니다. 이 모든 일이 단 하루 만에 끝날 수는 없고, 아이들과 함께 하면 어떤 날은 시간이 더욱 지연되기도 합니다. 그럴 땐 주말에 하루 더 나와서 일을 하거나 평일에 연차를 내거나, 그래도 안 되면 퇴근 후에 소리가 안 나는 작업 위주로 손전등을 켜고 공사를 했습니다.

 부동산 투자를 투기로 보거나 불로소득이라고 하면서 색안경을 끼고 바라보는 사람들도 있습니다. 실제로 부동산 투자를 하면서 단순하게 집만 빌려주고는 임차인들을 위해 어떠한 행동도 하지 않고 자신이 갑인 것처럼 행동하는 임대인들도 있습니다. 그러나 저는 부동산 투자가 가지고 있는 이러한 부정적인 인식을 바꾸고 싶습니다. 부동산 임대업이라는 사업 자체가 얼마나 많은 노동과 시간이 필요한 일인지 알려주고 싶습니다. 그렇게 노동과 시간이 들어갔을 때 더 높은 가치를 내는 부동산으로 탈바꿈한다는 사실을 보여주고 싶습니다.

사람들의 인식을 바꾸기 위해서는 저부터 바뀌어야 하고, 저와 가장 가까운 사람들에게 먼저 알려주는 게 맞습니다. 이것이 바로 제가 아이들을 꼭 공사에 참여시키는 이유입니다. 아이들도 직접 손때를 묻혀가며 공사를 해봐야 나중에 어른이 되어서도 다른 사람들에게 더욱 좋은 집을 제공하고자 하는 참된 부동산 투자자의 길을 갈 수 있을 것이라고 믿기 때문이죠.

정리해볼까요

· 부동산에 투자해서 돈을 버는 일은 아무런 노력 없이 할 수 있는 일이 아닙니다. 부동산도 남들보다 경쟁력 있는 상품을 공급해야 더 높은 월세를 받을 수 있는 것이기 때문이죠.

· 단순히 부동산을 가지고 있기 때문에 돈을 버는 시대는 점차 바뀌어가고 있습니다. 그런 사실을 우리 아이들이 충분히 느끼고 있어야 나중에 올바른 부동산 투자를 할 수 있을 것입니다.

작은 인테리어 공사라도 부모와 함께 해보는 시간을 가져보세요. 아이들은 그것을 노동이라고 생각하기 전에 놀이라고 생각하며 자연스럽게 참여할 것이고, 그만큼 부동산에 관심과 애정을 갖게 될 것입니다.

모델하우스 탐방

"이 집 진짜 멋지고 좋은데 우리 이 집에서 살면 안 돼요?"

아이들과 차를 타고 지나가다가 모델하우스가 있으면 한 번씩 들어가 보게 됩니다. 모델하우스만큼 화려하고 쾌적한 공간에서 부동산 용어를 한 번에 많이 접할 수 있는 곳은 없기 때문이죠. 그러나 아이들이 모델하우스의 화려한 모습에만 익숙해진다면 그것은 오히려 독이 될 수도 있습니다. 모델하우스를 방문하는 진짜 목적을 모른다면 나중에 성인이 되어 부동산 투자를 하게 될 때 겉모습에 반해서 신중하게 검토하지 않고, 상담사의 설득에 고민 없이 계약해버리는 상황이 발생할지도 모릅니다.

아이들을 모델하우스에 데려가는 이유는 따로 있습니다. 모델하우스에서 집을 소개하는 기법과 상담사의 멘트를 자주 접하다 보면 어떤 말이 진실인지, 과장인지를 판단할 수 있게 됩니다. 어느 곳이나 이야기하는 내용은 비슷하기 때문입니다. 눈에 보이는 멋진 인테리어도 어느 것이 진짜이고 어느 것이 이해를 참조하기 위한 이미지인지도 알게 되죠.

우리 아이들도 처음 모델하우스에 갔을 때는 "진짜 좋다. 이집에 살자. 이 집 최고다"라는 말을 연발했습니다. 그러나 모델하우스 방문이 두 번이 되고 세 번이 되고 그 이상이 될수록 흥미가 점차 떨어져갔죠. 모두가 비슷하게 생겼다는 사실을 알게 되었거든요. 요즘 아파트나 오피스텔들은 기술 발달과 소비자 취향의 변화에 따라 구조도 옵션도 모두 상향평준화가 되기 마련입니다.

그러던 어느 날 '서당개 3년이면 풍월을 읊는다'는 속담이 있듯이 아이가 저에게 물어보았습니다.

"자꾸 '평'이라고 하는데 평이 뭐예요?"

아이가 이렇게 먼저 물어보니 큰 보람이 느껴졌습니다. 그리고 어떻게 하면 쉽게 설명해줄까 고민하다가 대답했습니다.

"아빠 키가 180센티미터잖아. 아빠랑 똑같은 크기의 사람을 네 명 불러서 위, 아래, 오른쪽, 왼쪽으로 붙여서 네모를 만들었다고 생각해 봐. 그 정도 크기의 면적이 1평이야. 평은 그렇게 면적을 재는 단위인데, '평'이라는 단어는 예전에 쓰던 단위고 요즘에는 '제곱미터'라는 단위를 쓰지. 여기 보면 84제곱미터라고 쓰여 있잖아. 이걸 평으로 따지면 실제 면적은 25평 정도의 크기야. 그럼 아빠가 가로에 25명, 세로에 25명이 줄이어 있는 네모의 넓이라고 할 수 있지. 이게 그 집의 실제 면적을 나타내는 거야. 그런데 실제 집 안에서 우리가 직접 사용하는 면적만 있는 게 아니라 주차장이나 계단, 현관처럼 사람들이 함께 쓸 수 있는 면적도 있잖아? 그걸 공용면적이라고 하는데 그런 면적까지 합쳐서 사람들은 33평형이라고 부르지."

아들은 평의 개념까지는 이해를 했는데 제곱미터부터는 어려워하는 표정을 지었습니다. 그래도 저는 어차피 나중에 또 설명을 해줄 생각으로 계속 이야기를 해줬죠.

"84제곱미터 면적으로 지어진 요즘 아파트는 대부분 방이 세 개, 화장실 두 개의 구조로 보통 사람들이 사는 데 가장 편한 구조라고 생각해. 그래서 사람들이 제일 좋아하고, 좋아하는 사람들이 많으니깐 반대로 또 많이 지어졌거든. 그래서 그걸 국민들이 좋아하는 평형이라고 해서 '국평'이라고 부르기도 해.

평형은 넓이를 나타내는 단위라고 말했지? 그리고 모델하우스 잘 보면 저기 벽에 점선 있는 거 보여?"

"네, 저기 천장 아래에 있는 점선이죠?"

"사실 진짜 천장은 저 점선이야. 그런데 모델하우스는 집이 더 커 보이게 하려고 천장을 더 높게 만들고 조명도 아주 밝게 켜두지. 실제 천장이 있는 곳은 점선으로 표시해. 그뿐만이 아니야. 저 침대에 누워보고 책상에 앉아봐."

"이렇게?"

"어때? 집에 있는 책상이랑 침대보다 조금 작지? 그렇게 가구를 작게 만들어야 방이 더 넓어 보이는 효과가 있거든."

"그렇구나."

아이들은 이렇게 약간의 차이만 한두 개 알려줘도 새로운 것을 알았다며 무척 좋아합니다. 이어서 저는 모델하우스에서 빠뜨리지 않아야 하는 설명을 꼭 해줍니다.

"모델하우스를 보는 것도 좋지만 부동산을 제대로 보려면 진짜 그 집이 지어질 장소에 가봐야 해. 아파트가 움직일 수 있을까? 못 움직이잖아. 그래서 부동산이 한문으로 '없을 부, 움직일 동' 자를 써서 '움직일 수 없는 것'이라는 뜻이 있어. 지금 우리가 보고 있는 이 모델하우스처럼 건물이 아무리 좋고 예뻐도 부동산은 움직일 수 없기 때문에 주변에 무엇이 있느냐에 따라 가치와 가격이 결정되지. 즉, 부동산을 투자할 때 건물만 보고 판단하면 절대 안 된다는 거야. 예를 들어서 이렇게 좋은 집 바로 옆에 쓰레기장이 있으면 어떻겠어? 살기 안 좋겠지? 반대로 이 집에서 학교가 가깝다면 학교 다니기에는 너무 좋잖아. 그렇게 집이라는 것 하나만으로 이 집이 좋은 집인지 아니면 나쁜 집인지 판단할 수는 없어. 반드시 주변환경을 세세히 살펴보아야 하고, 그렇게 주위 환경에 따라서 좋고 나쁨이 결정되는 상황을 외부효과라고 하지. 그럼 이번에는 우리 이 모델하우스의 아파트가 진짜 지어지는 곳으로 떠나볼까?"

정리해볼까요

- 부동산은 움직일 수 없습니다. 그래서 주변 환경의 영향을 받습니다.
- 이런 부동산의 기본 특성을 이해하지 못하면 모델하우스만 보고 그 매력에 흠뻑 빠져 현장을 보거나 세세히 검토하지도 않고 계약을 하는 실수를 하게 될 수 있습니다.
- 부동산 투자에서 중요한 것은 건물이 아니라 입지라는 점을 잊지 않아야 합니다.

어린 시절부터 모델하우스를 다니면서 부동산 용어와 분양을 위한 홍보 마케팅 방법에 익숙해질 필요가 있습니다. 그렇지 않으면 성인이 되어서 부동산 투자를 할 때 스스로 생각하고 고민할 수 있는 사고력을 갖추기도 전에 '묻지마' 계약을 하고 말 테니까요.

일자리와
부동산

"우와— 여기가 스마트폰 안에 들어가는 부품을 만드는 공장이라고요? 엄청 크다—."

주말이면 아이들과 함께 새로운 도시에 가서 새로운 경험을 하는 것이 우리 가족의 일상입니다. 한번은 경기도 평택에 갔습니다. 평택을 방문한 이유 역시 친척이 살거나 관광지가 있어서는 아니었습니다. 삼성전자 반도체 공장을 보러 간 것이었죠. 그렇다고 견학 신청을 하거나 공장 내부에 들어간 것도 아니었습니다. 정말이지 그냥 삼성전자 공장을 보러 갔습니다. 사람들은 저희 가족이 왜 이렇게 팔도강산을 유람하고 다니는

지 의아해하기도 하지만 저는 이런 경험들이 쌓여 아이들이 성인이 되었을 때 산업의 발전에 따라 부동산의 가치가 어떻게 바뀌는지 알 것이라고 생각합니다.

"우와— 이 건물 뭐예요? 알록달록하게 생겼네."

삼성전자 공장을 처음 본 아이들이 물었습니다. 벌써 그 큰 규모와 처음 보는 듯한 공장 건축물의 형태에 압도당한 것 같았습니다.

"응. 이건 우리가 쓰는 스마트폰, 컴퓨터, 자동차처럼 전자기기에 꼭 필요한 부품인 반도체라는 걸 만드는 공장이야. 아빠 핸드폰에도 삼성이라고 써있고, 저 공장 앞에도 삼성이라는 글자가 되게 많잖아. 삼성이라는 회사는 스마트폰을 만들 뿐만 아니라 그 안에 들어가는 반도체라는 부품도 만들어서 여러 회사에 팔고 있단다."

"근데 이 공장 진짜 크네요. 이렇게 큰 공장은 처음 봐요."

"이 공장이 이렇게나 큰 이유가 뭘까?"

"많이 만드니까? 사람들이 많이 필요하니까?"

"맞아. 이제 우리가 스마트폰으로 연락만 하는 것이 아니라 영상도 보고 게임도 하잖아. 그만큼 일상생활에서 전자기기를 쓰는 일이 많아지니깐 반도체도 많이 필요하게 되는 거야. 그래서 이렇게 공장이 커지는 거고. 그럼 공장에서 일하는 사람들도 자연스레 많아지고, 공장 주변에 그 사람들이 살 집이 많이 필요하게 되는 거지."

"그래서 오는 길에 그렇게 새 아파트가 많았구나……."

"아주 잘 봤어. 지역이 발전하는 것은 단순히 새 아파트가 많이 생기고 기차역이 하나 생겨서가 아냐. 그 지역과 관련된 산업이 먼저 발전해야 그곳에서 일하는 사람들도 늘어날 테고, 그렇게 그 지역에는 사람뿐만 아니라 돈도 많이 돌게 되는 거야. 사람들이 살아야 하는 새 아파트만 필요한 게 아니라 물건을 살 마트, 밥을 먹어야 할 식당, 학원이나 병원도 필요하게 되니까 아파트뿐만 아니라 상가들도 함께 짓게 되는 거지. 상가가 있어야 또 그 지역에서 소비와 생산이 이루어지기 때문이야."

또 어떤 날은 인천 송도에 갔습니다. 이날도 딱히 일정이 있었던 것은 아니었습니다. 송도에서 바다를 보고, 연세대학교 송도캠퍼스로 가는 길에 삼성 바이오로직스 공장을 지나갔습니다. 우리는 연세대학교 안에 주차를 하고 주말이라 아무도 없는 넓은 캠퍼스에서 집에서 준비해 온 킥보드를 타고 부메랑 던지기 놀이를 하면서 한참을 놀았습니다.

"아까 지나갈 때 본 삼성 바이오로직스라는 회사는 아픈 사람들을 위한 약을 만드는 회사야. 너희들도 감기 걸리면 약 먹잖

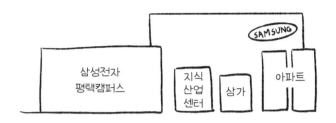

아. 그런 약을 개발하고, 또 만들기도 해. 코로나가 유행하던 시절에 서로 옮을까 봐 매일 마스크 쓰고 다니고, 걸리면 열나고 검사하고 약 먹고 그랬잖아. 그만큼 이제 사람들이 질병에 대한 두려움도 많아지고 건강해지길 원하니깐 이런 회사들이 점차 커지게 되는 거지."

"그렇구나. 난 우리가 먹는 약이 이런 공장에서 만드는지 몰랐어요."

"맞아. 그냥 알기는 어렵지. 언뜻 보면 약은 약국에서 나오는 것 같잖아. 그런데 이렇게 건강과 관련된 산업은 앞으로 시대가 바뀌면 사람들의 관심이 줄어들까? 전혀 줄어들지 않을 거야. 그래서 국가에서는 인천 송도라는 지역에서 바이오, 헬스케어 산업을 집중 발전시키겠다고 계획을 짰지. 왜냐하면 국가도 건강이 중요한 걸 아는 거거든. 그래서 좋은 대학교도 이 지역에 오고, 외국에서 큰 병원도 오고, 학교도 오는 거야. 그렇게 계속 발전하는 산업이 있고, 국가에서도 중요시하는 지역은 계속 좋아지는 거지."

우리는 새로운 지역을 방문할 때마다 그 지역의 유명한 공장이나 큰 회사, 대학교, 주요 상권, 대형 아파트 단지들을 둘러봅니다. 부동산을 교육하는 사람으로서 저는 그 지역에 대한 산업과 히스토리를 국토계획이나 발표자료 등을 통해서 확인하고, 그 내용을 쉽게 풀어 아이들에게 알려주기도 합니다. 일반인이 이러한 방식으로 지역 정보를 알아내기는 어려울지 모르지만, 자녀에게 소개해줄 정도의 기초 지식이라면 간단한 인터넷 검색을 통해서도 충분히 확인할 수 있을 것입니다. 새로운 지역을 단순히 가서 봤다는 사실이 중요한 것이 아닙니다. 현장 방문 전에 부모님이 미리 어느 정도 지식과 정보를 습득한 뒤 나중에 아이들과 함께 현장에 갔을 때 재미있게 설명해주면 매우 효과적일 것입니다.

이렇게 우리 가족은 새로운 지역에 방문하면 그 지역 산업에 관련된 대화를 나누고 식사는 근처 한식뷔페에서 주로 합니다. 아들이 셋이어서 식비도 많이 들기도 하지만 반드시 근사한 식당에서만 먹을 필요는 없기 때문입니다. 한식뷔페는 주로 근로자들이 이용을 하기 때문에 공장, 기업, 대형 공사현장 주변에 있는 경우가 많습니다. 그래서 그 지역에서 근무하는 사람들이 많이 이용하기 때문에 생생한 분위기가 느껴지고 사람들의 대화를 듣기에도 좋죠. 공장이 없는 지역에서는 상가가 밀집되어 있는 지역의 프랜차이즈 식당에서 밥을 먹습니다. 프랜차이즈 식당이 위치한 장소라면 아무래도 그 지역 내에서는 상권이 좋은 지역이기에 지역 사람들의 성향을 직접 눈으로 확인하기 좋기 때문입니다.

정리해볼까요

· 산업과 연계해서 지역을 봐야 합니다.
· 아무리 교통이 좋은 지역이라도 발전하는 산업과 연계되지 않는다면 그 지역은 발전이 늦어질 확률이 높습니다.
· 산업과 부동산 입지와의 연관성을 볼 수 있는 눈을 어린 시절부터 키워주는 것이 좋습니다.

◆ 함께 실천해보세요

뉴스나 교과서에 자주 언급되는 지역은 자녀들과 함께 한번쯤 가보세요. 아이들은 자신이 가본 지역에 대해서 뉴스나 교과서에서 다시 보게 되면 더욱 집중한답니다. 그 지역에 방문해서 아이들의 기억에 남는 설명을 해줄 수 있도록 부모가 예습을 해두면 더욱 좋겠죠?

우리 집 기록지도:
가치 있는 부동산 선점하기

"여기기 좋겠어! 주변에 산이 있어서 살기 좋을 것 같아!"

우리 집 거실에는 한쪽 벽면에 벽 전체를 덮을 수 있을 정도로 매우 큰 사이즈의 수도권 지도가 붙어 있습니다. 세로 높이가 소파 안쪽부터 천장까지 올라가는 크기로 지도를 자세히 보려면 소파에 올라가 서서 봐야 합니다.

저는 학생 시절부터 지하철을 기다릴 때마다 노선표가 그려져 있는 수도권 지도 보는 것을 매우 재밌어 했습니다. 당시에는 수원행과 인천행이 가장 멀리 가는 지하철이었고, 청량리역은 대학생 시절 강촌이나 대성리로 엠티MT를 갈 때 무궁화호를 타던 기차역이었죠. 지하철이 경기도를 벗어나 충청도나 강원도까지 간다는 것은 당시에는 상상조차 할 수 없는 일이었습니다. 그렇게 지하철을 기다리면서 지도를 보고 있노라면 새로운 역이 생긴다거나 지도 속 내용이 바뀌는 것을 찾을 수 있었고, 어느 노선을 타야 어느 지역에 갈 수 있는지를 계산하는 것이 흥미로웠습니다. 실제로 그렇게 지도를 보고 있다가 지하철이 온 것도 모르고 놓친 적이 한두 번이 아니었답니다.

　집에 지하철 노선도가 있는 거대한 지도를 붙이려면 아내의 허락이 필요했습니다. 결혼 후 아이를 낳고 얼마 안 되어 깔끔하게 화이트톤으로 인테리어를 하고 들어온 신혼집 거실 전체를 지하철 노선도가 있는 알록달록한 지도로 도배하는 모습을 보고 좋아할 여자는 세상에 없기 때문이죠. 처음에는 아내도 반대를 했습니다. 그래서 제가 생각한 것은 공인중개사사무소에 있는 롤블라인드 지도를 창문에 다는 것이었습니다. 커튼 대신에 햇빛이 들어오면 그 블라인드를 내리고 생활을 하자는 것이었죠. 생각만 해도 너무 신나는 일이지만 아내는 차라리 지도를 붙이라고 했습니다. 결국 그날 이후로 저는 대형 수도권 지도를 구해서 한쪽 벽을 채웠고, 직접 가본 지역에는 작은 동그라미 스티커를 하나하나 붙여놓기 시작했습니다. 그리고 옆에 포스트잇을 붙여 특징들을 간단히 적어놓았죠.

시간이 흐를수록 지도에 붙은 스티커와 포스트잇이 많아졌고, 벽은 이루 말할 수 없을 정도로 난잡하고 복잡해졌습니다. 그래도 재밌는 것은 아이가 크면서 소파를 붙잡고 서서 그 지도를 보게 되었다는 점입니다. 아이가 지도의 알록달록한 그림들이 재밌었던 것 같습니다.

　아이들이 유치원생이 되고 나서는 지도를 보면서 이것저것 물어보기 시작했습니다. 지도를 붙여 놓은 지 1년이 지나고부터는 저 역시 간단한 메모만 해놓았지 자주 들여다보지 않게 되었는데 아이들 덕분에 지도를 더 유심히 보게 된 것 같았습니다. 저는 새로 생긴 지하철역이나 대규모 아파트 단지를 지도에 계속 업데이트를 하며 그려 넣었습니다. 아이들도 저와 함께 어느 지역을 다녀온 날에는 사인펜을 가져와서 지도 위에 신나게 그림을 그렸죠. 대부분 아파트 놀이터에서 놀았던 기억을 떠올리며 머리와 뼈밖에 없는 사람 모양을 그려댔지만 말이죠. 그러던 어느 날 아이가 지도에서 한 지역을 가리키며 말했습니다.
　"아빠, 난 여기에 우리 집이 있었으면 좋겠어요."
　"왜?"
　저는 아이의 말에 깜짝 놀라 토끼눈을 하고 물어봤습니다. 왜냐하면 아이가 가리킨 그 지역은 위례신도시였기 때문입니다.

당시에 위례신도시 개발은 거의 완료가 된 상태였지만 지도에는 아직 업데이트가 안 되어 있었습니다. 저는 아이의 말을 듣고 아빠와 함께 부동산 임장 소풍을 다니고 지도를 보더니 드디어 나보다 나은 부동산 투자 안목을 갖게 된 게 아닌지 말도 안 되는 기대까지 했습니다. 그러자 아이가 골프장 그림을 손가락으로 찍었습니다. 아이의 눈에는 그냥 그 골프장 마크가 재밌어 보였던 것이었습니다. 전 그것도 모르고 제 아이가 입지를 읽고 도시계획까지 보는 신적인 재능이 있는게 아닐까 하는 생각까지 들어 영재발굴단 프로그램에 보내야 하는지 잠시 오해를 했었던 것입니다.

시간이 지나 이사를 가면서 아쉽게도 벽에 붙여놨던 지도는 떼게 되었습니다. 그런데 재밌는 것은 아이들이 그 지도를 기억하고 지하철역에서 같은 모양의 지도를 만나면 달려가 "아빠, 우리 집에도 이 지도 있었잖아요!"라고 외치면서 유심히 들여다보고 있다는 점입니다.

거실에 지도를 붙여놓는다고 아이가 부동산 투자의 천부적 재능을 얻게 되는 것은 아닙니다. 그러나 저는 이렇게 무심코 지나칠 수 있는 지도를 보고 아이가 즐거워하는 것만으로도 성공한 부동산 교육이라고 생각합니다. 스마트폰 화면으로 보는 지도는 너무 작기 때문에 확대를 하게 되고, 그렇게 확대를 할수록 내가 볼 수 있는 지역은 좁아집니다. 그래서 스마트폰으로 부동산을 보면 주변 환경과 함께 전체적으로 보게 되는 것이 아니라 내가 살 아파트 단지 하나, 혹은 그 아파트가 있는 역 주변만 보게 됩니다.

부동산은 세상의 그 어떤 상품보다 주변 환경의 영향을 많이 받습니다. 부동산은 절대 자리를 바꿔서 움직일 수 없기 때문에 주변에 혐오시설이 생기거나 역이 생기면 점차 그 영향이 가격에 반영이 되죠. 그만큼 부동산은 그 하나만 보면 안 되고 주변 환경을 함께 봐주어야 장기적인 판단이 가능하고, 그 덕분에 투자의 실수를 줄일 수 있습니다. 저도 모르는 사이에 아이들에게 주변을 넓게 볼 수 있는 시야를 지도를 통해 알려주고 있었던 것이죠. 그것 하나만으로도 성공한 부동산 조기교육이 아닐까요?

정리해볼까요

· 부동산을 볼 때는 주변 환경을 살피는 것이 중요합니다. 단순히 이 아파트가 신축이라서 좋다는 협소한 시야보다는 반경을 그려가면서 더 넓은 시각을 갖고 부동산을 봐야 하죠.

· 그렇게 주변 환경을 살피며 비교하다 보면 각각의 부동산이 가지고 있는 장단점과 연계성이 보이기 마련이죠.

· 그런 면에서 아이에게 지도를 보여주는 것은 효과가 아주 좋은 부동산

조기교육 방법입니다.

◆ 함께 실천해보세요

아이가 볼 수 있는 벽면에 세계지도도 좋지만 우리가 자주 방문하고 다녀와서 경험을 공유하면서 낙서까지 할 수 있는 '내가 살고 있는 지역 주변의 지도'를 붙여놓은 것은 어떨까요? 부모도 아이도 부동산과 지역을 보는 안목을 키우는 효과가 있습니다.

사라지는 대형마트

"집 앞에 대형마트가 없어진대요. 사람도 많았는데…… 우리 이제 장난감은 어디 가서 구경해요?"

집 앞 대형마트가 문을 닫는다는 소식을 듣고 아이가 달려오면서 소리쳤습니다. 어린 시절부터 매일 장난감 코너에 출퇴근하다시피 했던 아이들에게 대형마트가 사라진다는 사실이 매우 큰 충격이었던 것 같습니다. 아이들이 보기에 어제까지만 해도 사람들로 북적이던 곳이었는데 하루아침에 사라진다는 것이 놀라웠겠죠. 아이는 속상해하면서 마트가 왜 없어지는지 계속 물어보았습니다.

"큰 마트에 사람도 많았는데 왜 그렇게 갑자기 없어지는 거예요?"

아이의 질문에 "사람들이 점점 더 핸드폰과 인터넷으로 쇼핑하기 때문에 마트에 사람이 없어서 그런 거야"라는 대답만으로는 왠지 부족해 보였습니다. 온라인쇼핑의 영향으로 마트가 점점 사라지는 현상을 직접 보여주지 않고 말로만 설명하는 것이 주입식 교육처럼 느껴졌기 때문입니다. 아이에게 사회현상을 직접 보고 이해할 시간과 기회를 주지 않고 수학공식처럼 1 더하기 1은 2라는 식으로 답을 쥐어주는 것 같았습니다.

많은 부모님이 사회현상에 대한 아이들의 호기심에 너무 쉽게 결론을 내려주는 오류를 범합니다. 그러나 사회현상을 보는 눈이 단순해지면 작은 오류에도 혼동에 빠지기 쉽습니다. 예를 들어 '백조는 모두 흰색이다'라고 정의했다가 검은색 백조가 한 마리라도 나타나면 그동안 믿었던 진리가 거짓이 되어버리는 것과 같죠.

저는 마트가 사라지는 현상의 원인부터 아이들과 찾아보기로 했습니다. 다행히 이미 아이들은 쿠팡의 존재와 역할에 대해서 잘 알고 있었습니다. 내가 원하는 물건이 있을 때 휴대폰에서 어플을 켜고 장바구니에 담은 후 결재를 하면 시간을 들여서 굳이 마트까지 가서 물건을 찾고 힘들게 집까지 들고 오지 않아도 다음 날 아침 집 앞까지 배달이 완료되죠. 그래서 저는 아이들과 함께 쿠팡 물류창고를 갔습니다. 처음으로 초대형 물류창고를 본 아이들은 놀란 표정이었습니다.

"저 건물 뭐예요? 마트처럼 차가 올라가는 길이 있고, 엄청 큰 네모네요."

"이건 대형 물류창고야. 예전에는 공장에서 물건을 만들면 우리 집 앞에 있던 것 같은 큰 마트로 물건을 보냈어. 그래야 사람들이 마트에 가서 물건을 사니까. 그런데 요즘에는 이렇게 사람들이 사는 곳에서 조금 떨어진 곳에 있는 창고에 물건을 모두 쌓아놓는단다."

"그럼 사람들이 여기 와서 물건을 사기도 하는 거예요?"

"아니, 여기는 사람들이 직접 와서 물건을 사는 곳이 아니야. 공장에서 만든 제품을 쌓아두는 곳이지. 우리가 쿠팡 어플을 켜고 장바구니에 넣은 뒤 결재를 하면 이 물류창고 안에 있는 기계가 그 제품을 찾고, 그러면 사람들이 제품을 박스에 넣고 포장한 다음 트럭에 실어서 우리 집으로 보내주는 거야."

그사이 큰 트럭들이 줄줄이 들어오고 나가는 것을 본 아이가 물었습니다.

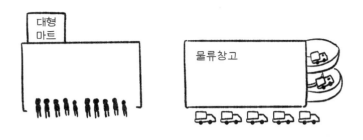

"근데 우리 집 앞에 저렇게 큰 트럭이 오지는 않잖아요."

"관찰력이 뛰어나구나. 맞아. 일단은 주문 받은 상품들을 모두 모아서 저 큰 트럭에 싣고 가서 중간중간에 작은 물류창고에 내려주는 거야. 그럼 그 작은 물류창고로 작은 트럭들이 와서 집집마다 배달할 물건을 싣고 가서 하나씩 배달을 해주는 거지."

아이들은 핸드폰으로 쇼핑을 하면 물건들이 어떻게 우리 집까지 오는지를 이해하는 것 같았습니다. 저는 계속 설명했죠.

"근데 마트가 있던 자리랑 여기 물류창고가 있는 자리를 비교해보면 어때? 마트는 아파트가 많은 우리 집 주변에 있었는데, 물류창고 주변에는 뭐가 있니?"

"이 주변에는 산이 있어요. 큰 차들도 쌩쌩 달리고요."

"맞아. 차가 빨리 달리 수 있는 고속도로나 국도 주변의 교통이 좋은 곳에 물류창고를 지어서 물건이 빨리 집에 배달될 수 있도록 하는 거야. 그런데 주변을 보면 산하고 논이 있잖아? 근데 마트 주변에는 높은 빌딩도 있고 아파트도 있지? 부동산을 볼 때 주변에 있는 건물이 높을수록 땅값이 비싸다고 생각하면 돼. 그럼 비싼 땅값을 내고 마트에서 물건을 팔기보다 이렇게 외곽에 물류창고를 지어서 물건을 배달하는 게 훨씬 비용이 적게 들겠지. 시내에서 비싼 임대료를 내지 않아도 될 뿐만 아니라 창고는 마트처럼 예쁘게 진열할 필요도 없고, 우리가 먹기만 하고 안 사는 시식코너를 운영할 사람도, 계산을 할 사람도 필요 없기 때문에 그만큼 비용을 절감할 수 있거든. 그래서 이렇게 쇼핑하는 방식이 바뀌고 임대료와 인건비가 높아질수록 외곽의 큰 창고가 많이 생기게 되는 것이고, 그에 따라 집 주변의 마트는 점점 사라지고 있는 거야."

정리해볼까요

- 수학 문제라면 책상에 앉아서 답을 내는 것이 가능하지만, 사회 문제는 그렇게 답을 찾아서는 안 됩니다.
- 특히 부동산은 시대와 사람에 따라서 그 가치가 달라지고 주위 환경에 영향을 많이 받기 때문에 직접 현장을 눈으로 보고 이해하는 습관이 필요합니다.
- 부동산에 투자할 때도 남들이 정해준 공식에 따라 정답을 찾는 것이 아니라 사회적으로 어떠한 현상이 일어날지 예측하는 눈이 필요하기

때문입니다.

◆ 함께 실천해보세요

동네 마트가 사라지는 것과 같은 사회현상에 호기심을 보일 때 다른 사람이 말하는 답을 알려주는 대신 자녀와 함께 그 원인을 찾아보세요. 그렇게 사회현상의 원인과 결과를 하나하나 찾아보면 아이들의 사고력이 넓어지는 것을 느끼게 될 것입니다.

화재 대피
실전훈련

"진짜 불 난 거야? 우리 어떡하지? 어떻게 해야 돼요?"

우리 아이들은 주말마다 체육학원을 다니고 있습니다. 종목은 아이들이 학교에서 체험수업을 한 뒤 흥미를 보이고 더 배워보고 싶다고 말하는 운동입니다. 그런데 그 종목을 배울 수 있는 체육관이 집 근처에는 없기 때문에 차로 20분 정도 걸리는 곳까지 주말마다 엄마와 아빠가 데려다줘야 했습니다. 아이들이 운동하는 시간에 엄마, 아빠는 체육관 대기실에 앉아서 책을 읽었습니다. 부모가 이런 자투리 시간이라도 핸드폰을 보거나 게임을 하기보다 책을 읽는 모습을 보여줘야 아이들도 배우기 때문입니다.

하루는 체육활동을 하는데 건물에서 사이렌 소리가 크게 울렸습니다. 아이들과 선생님은 사이렌 소리에 당황해서 활동을 멈추고 서서 웅성거리기 시작했습니다.

"불 난 거야? 우린 어떡해?"

그 상황에서 저는 먼저 냄새를 맡아보았습니다. 보통 화재가 나면 건물을 통해 불보다 먼저 냄새와 연기가 퍼져나가기 때문이죠. 다행히 아무 냄새도 나지 않았지만 사이렌이 계속 울렸기 때문에 체육관에서 당황해하는 사람들에게 저는 일단 계단이 있는 곳으로 나오라고 했습니다. 그리고 재빨리 대피로를 통해 1층으로 올라가보았습니다. 아이들은 항상 이 건물에서 엘리베이터를 타고 다녔기 때문에 저는 비상대피로의 상태를 확인해야 했습니다.

1층으로 올라가는 대피로도 막혀 있지 않았고, 사이렌 소리는 오작동인 것으로 확인되었습니다. 다행히 지나가는 해프닝 정도로 끝났지만 저는 많이 놀랐습니다. 학교에서 화재 대피 훈련을 받았다고는 해도 사이렌이 울리자 아이들은 당황해하면서 어른들만 바라보고 있었고, 정작 어른들은 어디로 어떻게 대피해야 하는지 모르는 것 같았기 때문입니다. 다행히 저는 회사를 다닐 때 건물 관리 업무를 오랜 기간 해왔고 안전관리자 경험도 있기 때문에 신속하게 대응할 수 있었지만 다른 사람들은 그렇지 않았던 것 같습니다. 이 일로 안전에 관련된 사항은 아이들보다 부모가 먼저 알고 몸소 보여줘야 한다는 사실을 깨달았죠. 이후 아이들과 자주 가는 건물을 갈 때마다 다음과 같이 이야기해주었습니다.

"모든 건물에는 계단이 있어. 평소에는 엘리베이터를 타고 다녀도 불이 나면 무조건 계단을 통해 밖으로 나와야 해. 왜냐하면 불이 나서 전기가 차단되면 엘리베이터 안에 갇혀 죽을 수도 있거든. 그리고 불이 나면 엘리베이터만 멈추는 것이 아니라 전등도 모두 꺼져서 엄청 깜깜해져. 그럴 때는 천장에 있는 사람이 뛰어다니는 모양의 초록색 비상구 전등을 보고 다니면 된단다. 거기 보면 화살표도 있으니깐 우선 그 방향으로 몸을 숙이고 옷으로 입과 코를 가리고 벽을 짚고 가야 해. 왜냐하면 아무것도 안 보일 거거든. 그래서 건물에 들어갈 땐 언제나 비상구가 어디 있는지 습관적으로 알아두는 것이 좋아."

저는 아이들과 건물에 들어가면 직접 몸으로 보여주면서 위의 말대로 교육을 해줍니다. 비상대피등이 어디 있는지와 불이 나면 암흑세상이 된다는 것만 반복적으로 알려줘도 진짜 불이 났을 때 아이들이 당황해서 아무것도 못 하고 그 자리에서 큰 사고로 이어지는 것을 막을 수 있기 때문이죠.

실제로 아이들과 함께 있었던 건물에서 사이렌이 울리는 경험을 해보니 아이들이 학교에서 받는 화재 대피 훈련은 학교라는 건물에 한정된다는 사실도 알았습니다. 그러나 진짜 화재가 날 위험성은 학교보다는 불을 이용하는 식당이 가득한 상가 건물이 더 높겠죠. 이 일로 저는 평소 자주 다니는 건물이나 지하철역에서 부모가 직접 아이들에게 화재 대피 훈련을 시켜줘야 한다는 것을 몸소 느꼈습니다. 또 이후로 저는 소방과 안전에 관련된 시설은 눈에 보이는 대로 자녀들에게 교육을 하는 습관이 생겼습니다.

"저기 개구리처럼 생긴 전등은 화재가 났을 때 사람들이 대피할 수 있도록 불이 들어온단다. 계단이나 복도에 등이 있는데 왜 저기서 불이 들어와야 할까?"
"불이 나면 전등이 다 꺼져서 어두워지니까요."
"맞아. 그래서 저 전등은 비상전기로 들어온단다. 불이 나서 연기 때문에 앞이 잘 안보일 땐 초록색 비상등이 있는 곳으로 가면 돼."

"천장에 달린 저 우주선처럼 생긴 건 뭐예요?"

"저렇게 동그랗게 생겨서 천장에 붙은 것은 화재감지기야. 불에서 나오는 열과 연기를 감지해서 자동으로 건물에 사이렌을 울리게 하지. 그래서 건물 안 어디에서든 불이 나면 저 감지기들이 사이렌을 작동시키고, 우리는 대피할 수 있는 거야. 그럼 천장에 붙어있는 저 작은 동그라미는 뭘까?"

"학교에서 배웠어요. 불 나면 저기서 물이 나온대요."

"잘 아네. 저건 스프링클러라는 건데, 저기서 물이 나온다고 불났을 때 저 밑에 있으면 안 돼. 저건 어느 정도 열이 올라가야 작동이 되기 때문에 그사이에 사람들은 연기 때문에 죽을 수도 있거든. 그래서 화재 예방 시설만 믿고 있으면 안 되고 무조건 밖으로 대피해야 된단다."

정리해볼까요

· 아이들은 위급상황에서 부모나 어른에 의지하곤 합니다. 실제로 위급한데도 어른들의 말만 따르게 되는 것이죠.

· 어른들이 위급상황에 대처할 수 있어야 아이들도 따라하고 대피할 수 있을 것입니다.

· 그러므로 학교 교육에만 의존하지 말고 부모님이 직접 아이들과 함께 훈련을 해봐야 합니다.

자녀들과 자주 가는 건물에 가서 화재대피훈련을 해보세요. 먼저 비상대피등에 대해서 알려주고, 계단을 통해 밖으로 나가는 연습을 아이들과 함께 해주세요. 거창하게 하실 필요 없이 매번 엘리베이터를 타지 않고, 계단을 통해서 다니는 길을 알려주시면 됩니다. 그렇게 화재 대피에 필요한 내용을 아이들의 몸에 습관화 될 수 있도록 주기적으로 교육해 주세요.

5장

부동산 투자로 배우는
돈 버는 공식

보드게임으로 배우는
부동산과 경제 원리

"아빠, 우리 보드게임 해요. 이번에는 꼭 내가 서울 가질 거예요."

가족이 함께 모이는 날이면 종종 보드게임을 합니다. 보드게임은 온 가족이 즐기면서 대화도 할 수 있는 좋은 도구입니다. 아이가 초등학교 저학년이라면 서로 카드를 내서 같은 과일의 수가 5개 될 때 재빨리 종을 치는 할리갈리 게임처럼 숫자 개념을 이해하는 게임을 하거나 러시아워, 코잉스 같이 공간의 개념과 감각을 높일 수 있는 게임을 하는 것이 좋습니다. 그렇게 보드게임에 익숙해진 다음에 고학년이 될 때쯤 부동산과 돈의 개념을 자세히 익힐 수 있는 부루마블과 모노폴리 같은 주사위 게임으로 이어지는 것이 거부감이 적습니다.

많은 부모님들이 주사위를 굴려 땅이나 건물을 사고 통행료를 걷는 이 부루마블 게임을 부동산 투자와 비슷하다고 생각할 것입니다. 제 주위 부모님들도 어린 시절 본인들이 즐겼던 이 게임에 대해 대부분은 그런 생각을 갖고 계십니다. 부루마블 게임을 하면서 아이들이 부동산 투자 감각을 키울 수 있을 것이라고 생각합니다.

그런데 다른 관점에서 생각을 해볼까요? 과연 어릴 때 많이 해본 부루마블 게임 덕분에 지금 여러분의 부동산 투자 감각은 높아졌나요? 혹시 여러분은 어린 시절 부루마블 게임을 할 때 돈을 좀 더 많이 받으려고 '서울'만 사려고 하지는 않았나요? 좀 더 솔직하게 이야기해볼까요? 성인이 된 지금도 부동산에 투자하면서 부루마블 게임을 하듯이 모든 것을 주사위가 던져주는 운에 맡긴 채 남들보다 돈을 많이 벌 수 있다는 곳을 맹목적으로 찾아다니고 있지는 않나요? 언제 걸릴지 모르는 주사위 숫자를 기대하듯 운에 맡기고 부동산 투자를 하고 있지는 않나요?

부루마불 게임을 부동산 투자 교육에 제대로 활용하기 위해서는 먼저 부동산에 대한 부모님의 이해와 지도가 필요합니다.

"아, 서울을 먼저 가져가면 어떡해!"

형이 서울에 먼저 도착해서 서울을 가져갔다고 둘째 아이가 속상해하더군요. 저는 이런 상황에서 둘째 아이에게 이렇게 말해주었습니다.

"부루마불 게임 속에서 '서울'은 오직 한 칸이야. 다른 지역도 마찬가지로 한 칸이지. 그래서 누가 서울을 갖게 되면 빼앗기는 매우 힘들어. 그게 부동산이 가진 한정성이라는 특성이야. 누구나 갖고 싶다고 해서 서울을 계속 만들어낼 수는 없잖아. 우리가 사는 집도 아무리 갖고 싶어도 땅을 계속 만들어내지는 못하기 때문에 돈을 주고 부동산을 사게 되는 것이란다. 누구나 갖고 싶어 하는 좋은 부동산일수록 가격이 올라가는 거지."

"그래도 서울 갖고 싶단 말예요!"

"이미 서울에 투자할 수 있는 기회를 놓쳤다면 아쉽지만 어서 잊고 두 번째로 좋은 기회를 잡기 위해서 부지런히 노력해야 해. 주사위를 열심히 굴려서 런던이나 파리를 사자. 그곳도 통행료가 높은 것을 보면 많은 사람들이 좋아하는 발전된 도시거든."

그렇게 또 게임을 하다가 이번에는 첫째 아들이 아쉬워했습니

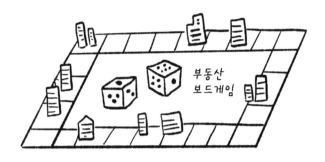

다. 무인도에 가게 되어서 주사위를 세 번이나 굴릴 수 없게 되었기 때문이죠. 그 모습을 보고 저는 또 이렇게 말해주었습니다.

"주사위를 많이 굴린다고 무조건 좋은 건 아니야. 지금은 게임을 한 지 오래돼서 다들 많은 땅을 가지고 있어. 그렇다면 땅을 많이 사서 가지고 있는 돈이 부족해진 상황이거든. 이럴 때는 괜히 돌아다니면서 통행료를 지불하는 것보다 무인도에서 쉬고 있는 것도 돈을 버는 투자가 될 수 있단다."

"네? 계속 돌아다녀야 돈을 버는 게 아니고요?"

"아니야. 부동산은 우리 몸이 가끔 감기에 걸리는 것처럼 좋았다가 아팠다가를 반복해. 감기가 걸려서 아플 때는 어떻게 하지? 집에서 쉬잖아. 부동산 투자도 마찬가지란다. 경기가 안 좋고, 사람들이 돈을 많이 벌지 못하고, 힘든 상황이라면 무리하게 다른 땅을 사거나 건물을 짓는 것보다 잠시 쉬고 있는 게

나을 때도 있어."

 이렇게 설명하는 사이 다른 가족들이 첫째 아들의 땅을 지나가면서 통행료를 납부했고, 첫째 아들은 무인도에서 쉰 덕분에 무리하게 투자를 확장하지 않고 당장에 들어갈 수 있었던 지출을 막을 수 있었습니다.

 누군가 돈이 부족해 건물이나 땅을 싸게 팔기 시작한다는 것은 게임이 거의 끝나가는 상황이라는 뜻입니다. 이번에도 역시 이렇게 게임이 끝나고 있었고, 그 시련의 주인공은 정말 다행히도 제가 되었습니다.

 "지금 아빠가 돈이 없어서 가지고 있는 땅하고 건물을 싸게 팔아야 해. 그렇지 않으면 너희들에게 줄 돈이 없어."

 "얼마에 팔 건데요?"

 "우선 이 땅은 건물하고 같이 30만 원부터 팔기 시작할 테니 사고 싶은 가격을 말해봐."

 이렇게 우리는 부동산 경매를 시작합니다. 경쟁을 하다 보면 아직 숫자 개념이 약한 둘째 아이가 도시카드에 적혀 있는 원래의 가격보다 높은 가격을 부르기도 합니다.

 "그냥 살 수 있는 가격보다 높게 부르면 어떡해? 어차피 더 낮은 가격에도 살 수 있었던 거잖아."

 "아, 내가 잘못 봤어. 취소, 취소!"

"취소 안 돼. 진짜 경매 법정에서도 숫자 한 번 써내면 끝이야. 실수해도 못 돌려받아."

결국 둘째 아이는 울음을 터뜨렸고 게임은 곧 막을 내렸습니다. 이렇게 저는 아이들과 함께 부루마블 게임을 하면서 부동산과 경제의 현실을 재미나게 설명해줄 수 있었습니다.

정리해볼까요

· 게임을 통해서 부동산 투자와 시장 논리에 대해서 배우는 것도 좋지만, 게임에만 몰입하게 되면 시장의 논리는 무시한 채 단순히 부동산을 보유하는 것과 돈을 버는 것에만 집착할 수도 있습니다.

· 그래서 게임을 할 때 부모가 참여해서 함께 고민해보고 설명해주는 역할이 중요한 거겠죠?

◆ 함께 실천해보세요

자녀와 함께 보드게임을 할 때 부모님은 경쟁에서 이기려고 하는 마음을 버려야 합니다. 부모는 아이의 지지자 역할을 하고 있음을 잊지 말고 아이들의 뒤를 따라다니면서 끊임없이 질문을 던지고 설명을 해줘야 해요.

전세 대 자가,
본질적으로 중요한 것

"아빠 우리 집은 전세야? 뭐야?"

어느 날 아이가 학교를 다녀오더니 뜬금없이 묻더군요. 아무리 제가 몇십 년 동안 부동산 개발과 투자와 관련된 일을 하고 있고, 지금은 부동산학과 교수라는 직업까지 갖고 살고 있지만 그 몇십 년 동안 저는 아이들에게 우리가 집을 어떤 형태로 사용하고 있는지를 먼저 말해본 적이 없습니다. 전세로 살든 자가 보유로 살든 현재 이 집에 살고 있다는 사실은 다르지 않기에 중요한 문제라고 생각하지 않아서겠죠. 또한 집에 대해서 이야기를 하면 아이들은 분명 자연스레 다른 친구들의 집에 대해서도 궁금해할 것 같은 우려도 있었기 때문입니다.

"갑자기 그건 왜 물어봐?"

궁금한 마음에 아이에게 되물었습니다.

"학교에서 친구가 물어봤어요."

"그래서 뭐라고 했어?"

"그냥 모른다고 했어요."

"그래? 그럼 친구들은 뭐라고 대답했니?"

"누구는 전세라고 하고 누구는 자기 집이라고 하던데, 뭐가 다른 거죠? 내가 사는 집이 자기 집 아니에요?"

저는 아이들에게 집의 점유 형태와 임대차 계약 구조에 대해 설명을 해줘야겠다고 생각했습니다. 혹시라도 아이들이 잘못된 기준점을 갖고 자가와 전세에 대해서 편 가르기를 하게 될까 봐 걱정되었기 때문이죠. 집이 자가인지 전세인지에 따라 친구를 따돌리거나 놀린다는 뉴스를 본 기억이 나서 우려가 되더군요. 집을 가지고 편 가르기를 하는 것이 옳지 않은 행동임을 아이들이 이미 알고 있을 수도 있습니다. 어쨌든 그런 식의 편 가름을 왜 해서는 안 되는지 명확히 알려줘야 아이들이 친구들에게 잘못된 행동을 당당히 말할 수 있을 것이라 생각했습니다.

"우리가 집에 살기 위한 방법은 크게 두 가지가 있어. 하나는 우리가 서점에서 책을 사서 보는 것처럼 돈을 주고 집을 사서 그 안에서 사는 방법이란다. 책을 샀다면 마음껏 보다가 나중에 되팔면 되잖지? 그렇게 집을 사서 그 안에서 사는 것을 자가 보유라고 해. 그리고 언젠가 그 집이 필요 없어지면 다시 팔면 되는 거야."

이 정도 설명을 해주니 아이들은 금세 알아듣고는 다음 설명을 기다리고 있습니다.

"두 번째 방법은 집을 빌려서 그 안에서 사는 거야. 예를 들어 우리가 엄청 읽고 싶은 책이 있다고 생각해 봐. 그런데 그 책을 다른 친구가 이미 사서 가지고 있어. 그럼 어떻게 해야 할까? 친구한테 가서 책을 빌려야겠지? 그런데 친구도 그 책을 돈을 주고 샀을 테고, 너무나도 소중하게 여기는 책이면 그냥 빌려줄까? 아마 그냥은 안 빌려주겠지? 그럼 어떤 방법이 있을까?"

"내가 가진 다른 책이랑 바꾸자고 하면 안 돼요?"

"그런 방법도 있겠지. 그것을 교환이라고 해. 그런데 우리가 사는 집은 위치도 규모도 가격도 모두 달라서 책처럼 쉽게 교환을 하기는 어려워. 다른 무엇보다 집은 움직일 수가 없잖아. 그래서 먼 곳에 있는 집과 교환하면 그 친구가 학교를 다닐 수가 없겠지. 그렇다면 서로 딱 맞는 집을 찾아서 교환을 해야 하는

월세 VS 전세 VS 자가

데 그건 불가능에 가까운 일이거든."

"그렇구나"

"그래서 집을 빌려주는 계약, 빌리는 계약을 해야 해. 집이란 것은 매우 비싸거든. 그 집에서 살고 싶은 사람이 큰돈을 맡기고 집을 가진 사람에게 빌렸어. 근데 나중에 계약기간이 끝나도 계속 안 나가고 살면서 문을 안 열어주면 결국 집을 빌려준 사람이 집을 못 돌려받겠지. 그래서 그런 사태를 방지하기 위해서 집을 빌려주는 사람은 집을 빌려주는 대신 전세금이라는 돈을 받아두는 거야. 그리고 서로 약속한 계약기간이 끝나면 그 전세금이라는 돈을 다시 돌려줘야 해. 이렇게 집을 빌리는 것을 전세라고 해."

"그럼 왜 누구는 집을 사고, 누구는 집을 빌려요?"

"사람마다 생각하는 기준이 서로 다르기 때문이야. 이 집을 가지고 있는 것이 나중에 더 큰 가치로 돌아올 수 있다고 생각하는 사람은 큰돈을 들여서 집을 사는 거고, 그렇지 않고 이 집을 가지고 있는 것보다 잠시 빌려서 쓰는 것이 낫다고 생각하는 사람은 전세나 월세라는 계약을 통해서 집을 빌리는 거야."

"그럼 집을 사는 돈이랑 빌리는 돈은 똑같아요?"

"집을 사는 돈보다는 빌리는 돈이 적긴 해. 그런데 그것 역시 관점의 차이란다. 사람마다 누구는 살면서 집을 갖는 게 제일 중요하다고 생각할 수 있지만 또 그렇지 않은 사람도 있거든. 그래서 사람들은 큰돈으로 집을 사는 것과 조금이라도 저렴한 돈을 내고 집을 빌리는 것을 비교해서 판단하지. 어차피 똑같은 집에 살 수 있다면 차라리 저렴하게 집을 빌리고 남은 돈으로 사업을 하거나 또 다른 투자를 하는 것이 더 큰돈을 벌 수 있다고 생각하는 사람들도 있거든. 그럼 그런 사람은 집을 빌리는 선택을 하게 되겠지."

정리해볼까요

- 집을 소유한 사람은 부자이고 전월세의 형태로 집을 빌려서 사는 사람은 가난한 사람이 절대 아닙니다.
- 아이들에게 자가 보유와 전세에 대한 정의, 그리고 이러한 계약의 이유를 명확히 설명해주지 않으면 단순히 계약 형태를 기준으로 서로 편을 가르는 행동을 할 수 있습니다.
- 친구 관계뿐 아니라 가치관 형성에 있어서도 결코 무시할 수 없는 문제이기에 부모님의 명확한 설명과 아이들의 이해가 꼭 필요한 부분입니다.

부동산에 대한 자가 보유나 전세에 대한 계약 구조는 아이들이 쉽게 이해하기 힘듭니다. 집 근처에 공인중개사사무소를 지날 때마다 유리창에 붙어있는 매매, 전세, 월세 가격을 붙여 놓은 종이를 보면서 기회가 될 때마다 한 번씩 대화를 나눠보세요.

부동산 거래의 기초 교육

"부동산 유리창에는 항상 수학 문제가 붙어 있어요."

학교 가는 길에서 아이들은 다양한 상가를 만납니다. 편의점이나 미용실, 세탁소처럼 밖에서 보면 무슨 일을 하는 곳인지 알 수 있는 가게도 있지만 공인중개사사무소처럼 아이들의 시선으로는 이해하기 어려운 곳도 있습니다. 물론 우리 아이들은 주말마다 새로운 지역의 공인중개사사무소를 방문하고, 심지어 집 앞 부동산 사장님은 윗집에 사는 이웃이기 때문에 공인중개사사무소에 매우 익숙하죠. 그러나 대부분의 아이들에게 공인중개사사무소는 어쩌다 이사 가는 일이 생겨야 그제야 한 번 들어가는 매우 생소한 가게입니다.

　우리 아이들도 공인중개사사무소가 익숙하긴 하지만 아직은
어려서인지 엉뚱한 생각을 하기도 합니다.
　"부동산에 수학 문제를 붙여놨어요. 여긴 '3,000만 나누기 80
만'이라고 써있고, 또 여긴 '1억 빼기 500만'이라고 써놓았어
요."
　"응? 그게 무슨 말이야?"
　아이가 말하는 공인중개사사무소 창을 보니 '상가 월세 3,000
만/80만'이라고 쓰여 있었고, 또 다른 곳에는 '보1억-월500만'
이라고 쓰여 있었습니다. 갑자기 터져 나온 웃음을 멈추고 저
는 아이에게 설명해주었습니다.

　"진짜 수학 문제처럼 보이네. 문제가 엄청 많이 붙어있다. 너
무 재밌네. 그런데 이건 문제가 아니라 어떤 집이나 건물을 빌
려 쓰는 데 필요한 보증금과 임대료를 써놓은 거야. 임대료가
뭐냐면 집을 빌려 쓰는 사람이 그 집에 살면서 집을 빌려준 사
람에게 매달 내는 돈이야. 매월 내는 돈이라 월세라고도 해. 그
리고 앞에 있는 큰 금액은 보증금이라는 거야. 이 집을 빌려서
쓰는 사람이 집을 가진 사람에게 매월 월세를 내야 하는데 만약
안 내면 어떻게 될까?"

"돈 안 주면 찾아가서 받아야죠."

"그래. 그런데 돈을 안 준다고 해서 매번 찾아가서 받으려면 시간과 노력이 필요하겠지? 그래서 집주인이 이 집을 빌려 쓰는 사람에게 처음부터 월세보다 훨씬 큰돈을 미리 받아놓는 거야. 그렇게 큰돈을 받아놓음으로써 월세를 안 내는 상황을 방지할 수 있는 거야. 만약 월세를 안 내면 나중에 계약이 끝날 때 집을 빌렸던 사람이 처음에 줬던 큰돈에서 그동안 안 낸 월세를 제외하고 돌려주면 되니까. 그렇게 큰돈을 보증금이라고 해. 그리고 그 보증금을 주면서 집이나 건물을 빌리는 것이 바로 '임대차계약'이라는 거야. 처음에 보증금을 다 내면 계약이 시작되지. '건물 주인인 내가 이 장소를 빌려 쓰는 당신의 돈을 가지고 있을 테니 월세 밀리지 말고 약속을 잘 지켜주세요. 그럼 약속한 기간이 끝났을 때 나도 돈을 돌려줄게요'라는 의미야."

"그렇구나."

"그런데 어떤 건물을 빌려서 장사를 하는 사람이 그 건물을 사용하는 동안 무언가를 부수면 어떻게 될까? 만약 친구한테 게임기를 빌려줬는데 그 친구가 게임기를 고장 냈어. 어떻게 해야 돼?"

"당연히 물어내라고 해야죠."

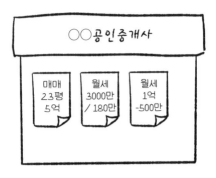

"그렇지. 부동산도 똑같아. 빌려 쓰는 사람이 그 건물을 부수면 똑같이 고쳐내야 하는데, 그걸 '원상복구'라고 한단다. 원 상태로 되돌려놓는다는 뜻이야. 그런데 건물을 빌려 쓴 사람이 그 건물을 망가뜨리고 고치지 않으면 어떻게 될까? 지붕이 부서지면 비가 올 때 물이 새고, 문이 부서지면 도둑이 들어올 수 있잖아. 그래서 건물 주인은 미리 받아놓은 돈인 보증금을 이용해서 먼저 건물을 고칠 수 있어. 그다음 고친 데 사용한 돈을 임차인한테 달라고 하는 거지. 왜냐하면 건물이 부서졌으면 빨리 고치는 것이 우선이고, 그렇게 임차인들이 장사하는 데 불편하지 않게 최선을 다하는 것이 건물 주인의 의무거든."

"건물 주인이 그런 것도 해요? 진짜?"

요즘 아이들 사이에서 '건물주'는 건물을 사서 아무것도 하지 않고 임차인이 매월 따박따박 내는 임대료만 받으며 놀고먹는 이미지라고 합니다. 오죽하면 조물주 위에 건물주가 있다는 말이 있을까요? 하지만 제 경험상 건물주가 받는 스트레스는 상상 이상으로 매우 큽니다. 월임대료를 납부하지 않는 임차인, 대출금에 대한 이자의 압박, 수익이 나지 않아도 매년 내야 하는 보유세, 건물 유지보수를 위한 관리비, 그리고 비가 오면 물이 새서 들어가는 수리비, 날이 좋으면 더워서 더 많이 발생하는 전기료, 추우면 추운 대로 올라가는 난방비, 최저임금 때문에 매년 가파르게 인상되는 청소비, 용역비, 경비비 등 이루 말할 수 없는 스트레스가 있답니다. 마지막으로 건물주들이 가장 무서워하는 것은 건물에 어떤 임차인도 들어오지 않는 공실 상태라고 할 수 있죠.

그렇게 보자면 자나 깨나, 눈이 오나 비가 오나, 봄, 여름, 가을, 겨울로 걱정이 끊이지 않는 것이 건물주의 인생입니다. 그러나 아이부터 어른까지 건물주의 진짜 현실은 잘 모르는 것 같습니다. 부동산에 대한 넓은 이해와 시각이 없는 채 무조건 미디어에 나오는 현상을 통해 동경의 대상으로만 바라보고 있기 때문입니다. 이렇게 부동산에 대한 막연한 인식을 탈피하기 위해서는 공인중개사사무소 창에 붙은 종이 한 장에서부터 어릴 적부터 부동산 교육이 시작되어야 합니다. 그러면 그 아이는 성장하면서 훌륭한 부동산적 인사이트를 가질 것이라고 확신합니다.

- 임대료는 장소를 빌려 쓰는 임차인이 해당 부동산의 소유자인 임대인 에게 매월 납부하는 일종의 사용요금이라고 생각할 수 있습니다.

- 보증금은 임대료와 관리비 미납, 그리고 건물 파손에 대응하기 위해 계약 기간 동안 임대인이 잠시 맡아두고 있는 임차인의 돈이죠.

- 그리고 임대인은 임차인에게 임대료를 받기 때문에 건물을 사용할 수 있는 상태로 수선하고 유지할 의무를 갖습니다.

◆ 함께 실천해보세요

공인중개사사무소의 창에 붙어있는 매매, 전세, 월세 같은 단어에 대해 그것들이 말하고 있는 거래의 의미를 알려주세요. 나아가 보증금, 임대료의 개념도 설명해준다면 아이들은 무심코 지나쳤던 부동산에서 보게 되는 문구에 대해 조금씩 이해하고 비교하게 될 것입니다.

푸드트럭 떡볶이가 싼 이유: 상권과 손익구조

"학교 앞에 금요일이면 떡볶이 트럭이 오는데 진짜 싸고 맛있 어요."

우리 가족이 사는 지역은 서울이지만 대단지 아파트가 모 여 있는 동네는 아닙니다. 작은 단지들이 모여 있다 보니 아파 트 상가가 제대로 형성되어 있지 않죠. 그래서 동네에는 매주 지정된 요일에 다양한 시장 트럭들이 옵니다. 월요일에는 과 일 트럭이 오고, 매주 화요일에는 지상주차장에 시장이 열리 죠. 또 금요일은 떡볶이 트럭이 오고, 토요일은 곱창과 제육볶 음 트럭이 옵니다. 우리 가족은 다행히 매주 이렇게 트럭이 찾아오는 상황을 즐겁게 생각하고 있는데, 그중에 아이들이 제일 기다리는 요일은 떡볶이 트럭이 오는 금요일입니다.

"아빠, 오늘은 학교에서 동네 쓰레기 줍기 원정대를 했거든요. 근데 원정대 친구들이 맨날 나한테 간식을 사줘서 이번에는 내가 친구들한테 떡볶이를 쐈어요."

"그랬어? 잘했다. 친구들한테 매번 얻어먹을 순 없지. 오는 것이 있으면 당연히 가는 것도 있어야지. 그래야 친구 관계도 유지될 수 있는 거야. 잘 생각했어. 근데 매주 금요일 ○○아파트 정자에 오는 그 떡볶이 트럭에서 사준 거야?"

"네. 거기 떡볶이가 진짜 싸고 맛있어요. 아저씨가 정말 많이 줘요."

저는 아이가 친구들에게 떡볶이를 사준 일에 대해 칭찬을 듬뿍 해주었습니다. 왜냐하면 평소에 우리 아이들이 친구들에게 먹을 것을 자주 사주는 것 같지는 않았거든요. 그렇다고 제가 먼저 나서서 친구들에게 먹을 것을 사주라고 말할 이유도 없다고 생각했습니다. 아이들이 어떤 친구를 좋아하는지 안 좋아하는지 제가 잘 알 수 없는 상태에서 그런 권유를 한다면 아이들이 스스로 친구 관계를 정립하는 데 혼란을 일으킬 수도 있다고 생각했기 때문이죠.

우리 아이들이 친구들과 군것질을 자주 하지 않는 이유는 여러 가지가 있습니다. 먼저 돈은 대부분 집에 있는 지갑에 모아두었고, 카드가 없기도 하며, 아이들이 먹고 싶어 하는 음식은 엄마와 아빠가 최대한 집에서 해주려고 노력하기 때문입니다. 그런 아이가 친구들에게 먹을 것을 사준 것은 정말 크게 마음을 먹은 것이라는 뜻이겠죠. 평소에 나에게 베푼 친구가 있다면 나도 그 친구에게 떡볶이 정도는 사줘야 관계가 유지된다는 걸 알려주고 싶었습니다. 그래야 어른이 되어서도 서로 주고받는 관계를 잘 맺을 수 있으니까요. 주변을 보면 어른이 되어서도 바라기만 하고 주려고 하지 않는 사람들도 많이 있습니다.

저는 떡볶이를 통해 친구 관계뿐 아니라 다른 것들도 알려주고 싶었습니다.

"그런데 왜 푸드트럭 떡볶이 아저씨는 가격도 싼데 많이 줄 수 있을까?"

"아이들을 좋아하는 사람이라서?"

"그럴 수도 있지만 사실 모든 것에는 경제 논리가 있단다. 보통 가게를 차리려면 원래 그 가게를 보유하고 있는 사람에게 임대료를 내고 일정 기간 가게에 있는 공간을 빌려야 해. 그런데 푸드트럭은 본인 트럭에서 장사를 하고, 고정된 자리도 없어서 임대료가 없단다. 즉, 떡볶이 판매에 들어가는 고정된 비용인 임대료를 그만큼 아낄 수 있는 거지. 두 번째로 푸드트럭은 물건을 팔 수 있는 장소와 시기를 선택할 수 있는 장점이 있어. 만약 떡볶이 아저씨가 매일 오면 우리가 매일 사 먹을 수 있을까?"

"아니요. 매일 먹으면 질릴 것 같은데요?"

"맞아. 푸드트럭은 일주일에 한 번 오기 때문에 그 시기를 놓치지 않고 사 먹으려고 하는 사람들의 습성을 이용해서 매출을 높일 수 있지. 그리고 푸드트럭은 사람들이 항상 많이 지나다니거나 많이 모이는 정자에 서 있잖아. 그 말은 상권이 좋은 지역을 이동하면서 선점할 수 있다는 거야."

"맞아요. 떡볶이 트럭이 오는 자리에도 다 같이 앉을 수 있는 큰 정자가 있는데 사람들이 항상 모여 있는 곳이에요. 학교 가는 횡단보도 앞에 있어서 사람들도 엄청 많이 지나다녀요."

"잘 아는구나. 마지막으로 떡볶이 트럭에 떡볶이를 파는 사람은 몇 명이니? 그리고 손님들은 트럭에 앉아서 먹니?"

"아니, 어떻게 트럭에 앉아서 먹어요? 그리고 트럭에는 아저씨 혼자 있어요. 좁은 트럭에 또 누가 어떻게 들어가요?"

"맞아. 그것도 중요한 점이야. 아저씨 혼자 장사를 하기 때문에 다른 사람한테 줄 월급이 필요 없단다. 그걸 인건비가 적게 든다고 해. 그리고 서서 먹으면 사람들이 힘들어서 한 가지 음식을 오랜 시간 동안 먹을 수가 없거든. 그래서 사람들은 빨리 먹고 집에 가거나 포장을 해서 집에 가게 돼. 그럼 같은 시간이라도 자리를 차지하는 손님이 적기 때문에 더 많은 떡볶이를 팔 수 있게 되지. 그게 회전율이라는 건데 회전율이 높을수록 돈을 많이 벌게 되어 있거든. 자동차 바퀴가 빨리 회전할수록 멀리 가는 것과 비슷한 이치란다. 그래서 그 아저씨는 떡볶이를 남들보다 싸고 많이 줘도 돈을 벌 수 있는 거란다."

정리해볼까요

- 푸드트럭 떡볶이 아저씨가 떡볶이를 싸게 많이 줄 수 있는 이유는 다섯 가지가 있습니다. 첫째, 임대료가 없고, 둘째, 고객의 구매 주기에 맞춰 장소를 이동할 수 있으며, 셋째, 가장 좋은 입지에 트럭을 댈 수 있고, 넷째, 인건비가 적고, 다섯째, 손님들의 회전율이 빠르기 때문이죠.
- 이렇게 잠시만 우리 주변을 둘러봐도 경제와 부동산에 대해서 알려줄 수 있는 현상들이 무궁무진하답니다.

푸드트럭뿐만 아니라 식당에서 아이들과 음식을 먹으면서 가게의 손익구조에 대해서 이야기를 나눠보세요. 식당 손익분석의 기본은 떡볶이 트럭에서 배웠던 고객의 방문 주기, 가격, 인건비, 임대료, 재료비, 상권, 회전율부터 시작합니다. 그 요소를 하나씩 찾아서 이야기를 나눠보면 상권과 부동산을 이해하는 안목이 길러질 거예요.

포켓몬스터 게임으로 배우는 방법: 학군과 부동산

"이 동네는 우리 동네랑 다르게 포켓몬스터 체육관이 엄청 빨리 깨지네요."

아이들이 초등학교 저학년일 때는 새로운 동네에 가서 새로운 놀이터만 가도 좋아했습니다. 엄마, 아빠랑 같이 놀이터에서 술래잡기와 공놀이만 해도 무척 즐거워했죠. 그렇지만 초등학교 고학년이 지나면서부터 조금씩 아이들이 바뀌기 시작했습니다. 이제 놀이터가 시시한 나이가 되어버렸고, 공인중개사사무소에 가도 흥미를 끄는 것들이 없다는 사실을 알아버렸거든요. 부동산 임장이 지루해진 아이들의 참여도를 어떻게 하면 높일 수 있을까 고민하던 중에 생각한 것이 휴대폰으로 하는 '포켓몬 스터' 게임이었습니다. 물론 우리 아이들의 핸드폰은 통화와 문자만 가능하고 데이터를 사용하거나 게임은 불가능하게 설정되어 있기 때문에 엄마, 아빠의 핸드폰을 이용하지만, 그 효과는 상당히 컸습니다.

포켓몬스터 게임은 현실의 지도와 현재 사용자의 위치를 기반으로 포켓몬스터를 잡는 휴대폰 게임입니다. 휴대폰 액정 위의 지도가 현실의 지도와 일치하기 때문에 게임 안에서 나타나는 포켓몬스터를 잡기 위해서는 이곳저곳을 찾아다녀야 하죠. 더 좋은 포켓몬과 아이템을 얻기 위해서는 포켓몬스터 체육관에 모여서 전투를 해야 합니다. 새로운 동네와 부동산을 보러 여러 도시를 다니는 우리 가족에게는 딱 맞는 게임이었습니다. 때마침 학교 친구들 사이에서도 유행이었고, 포켓몬스터 게임을 빌미로 더 많은 지역을 다닐 수 있었습니다. 그러던 어느 날 아이들과 함께 서울 내에서도 학군 좋고 아파트 단지가 많은 지역을 둘러볼 때였습니다. 아이들은 게임을 하면서 뭔가 다른 점을 인식한 것 같았습니다.

"여기는 포켓 스탑도 엄청 많고 포켓몬도 많이 나오는 것 같아요. 근데 우리가 체육관 깨서 포켓몬을 올려놓잖아? 그럼 누가 와서 금방 체육관을 깨버려요. 여기 포켓몬스터 하는 사람 엄청 많은가봐요."

"그게 우리가 사는 지역하고 여기의 차이점이야."

"그런 것 같아요. 여기는 우리처럼 포켓몬스터 게임을 하는 아이들이 엄청 많이 살고 있는 것 같아요."

"정확히 봤구나. 주위를 둘러보렴. 높은 빌딩이나 산이 있는 것이 아니라 아파트가 많지? 그리고 중간중간에 학교랑 공원도 많잖아. 어린이가 다니는 학교나 학원 그리고 작은 상점들이 많다는 것은 우리처럼 어린이가 있는 가족들이 살기 좋은 동네라는 거야. 이렇게 비슷한 지역에는 비슷한 가족 구성원들이 모여 사는 형태를 띠고 있어. 부동산은 지역적 특성에 따라 시장이 나뉘어 있거든."

"여기선 포켓몬스터 코인 얻기 진짜 힘들겠다……."

"그건 서로 경쟁해야 하는 사람들이 많다는 뜻이기도 해. 학교도 이곳의 포켓몬스터 게임이랑 비슷할 거야. 여기는 아이들이 많은 만큼 공부 같은 부분에서 경쟁하는 친구들도 많아. 그래서 공부를 더 잘하기 위해 다니게 되는 학원들도 계속 생겨나고, 그렇게 이 동네에 사는 아이들은 경쟁을 통해 자연스럽게 성적이 오르는 효과를 얻게 되는 거야."

"맞아요. 공부 잘하는 친구가 있으면 서로 가르쳐주기도 하니까 정말 그렇겠네요."

"이야, 아빠는 경쟁만 생각했는데 서로 협력할 생각을 했구나."

아이의 말을 듣고 저는 마음속으로 뜨끔했습니다. 어린이의 시각은 어른과 달랐습니다. 어른인 저는 경쟁과 돈을 생각한 반면 아이는 서로 협력할 생각을 하고 있었죠. 저는 잠시 부끄러운 마음을 뒤로하고 아이에게 물어보았습니다.

"그럼 이렇게 사람들이 많이 살고 학교가 좋은 지역은 그렇지 않은 지역보다 아파트가 비쌀까?"

"당연하죠. 좋으면 비싸잖아요!"

"그럼 좋은 학교가 있으면 왜 비쌀까?"

"공부를 잘하게 되니까요."

"그렇지. 그런데 비싼 아파트로 이사를 한다고 모두 공부를 잘하게 되는 것은 아닐 거야. 결국 사람들이 얼마나 원하느냐에 따라 가격이 움직이게 되지. 우리가 어떤 집에 들어가 살 때 꼭 살아야 되는 기간이 있을까? 물론 그 집에 살아야 하는 계약 기간은 있지만 그 기간은 사람들의 필요에 따라 달라지지. 그런데 학교를 다니는 어린 자녀를 위해서 엄마, 아빠가 여기로 이사 왔다고 생각해봐. 좋은 학교를 찾아서 여기까지 왔는데 중간에 이사를 갈 수 있을까? 전학을 하는 것은 힘들거든. 그래서 학교가 좋은 곳에 이사 오게 되면 초등학교 6년, 중학교 3년, 고등학교 3년 총 12년은 이 동네 살아야 하는 거지. 이 지역이 어린이와 살기 좋을수록 찾는 사람들이 많을 테고, 사람들은 또 그만큼 오래 이 동네에 살아야만 하기 때문에 이 지역의 아파트 가격은 다른 지역에 비해 비싼 거야."

아빠의 설명이 조금 지루했나봅니다. 아이들은 약간은 이해하지 못한 표정을 짓고 있었습니다. 당연히 한 번에 모든 걸 이해하기는 어렵겠죠. 그러나 저는 단순히 학군이 좋아서 가격이 높다는 결과론적인 설명보다 수요자들이 많은 지역이 가격이 높아진다는 근원적인 해답을 찾아주고 싶었습니다.

정리해볼까요

· 부동산 시장을 이해할 때 많은 사람들이 좋다고 생각하는 지역이 좋은 지역이고, 그것이 가격에 반영이 되는 것은 당연합니다.

· 그러나 그 지역이 왜 좋고, 다른 지역에 비해 가격이 비싸게 형성되는지를 이해할 수 있다면 부동산에 투자할 때 남들이 아직 발견하지 못한 좋은 지역을 선별할 수 있는 안목을 갖게 될 것입니다.

· 그러기 위해서는 해당 부동산의 수요가 왜 많은지를 파악하는 능력을 기를 필요가 있습니다.

아이가 부모님과 함께 임장 나가는 것을 지루해 한다면, 그 지역에 아이가 좋아하는 음식점이나 시설을 찾아서 함께 코스를 짜서 다니는 것도 좋습니다. 저 역시 그렇게 아이들을 어르고 달래며 부동산 임장을 다니고 있고, 그 방법 중 하나로 아이들과 포켓몬스터 게임을 함께 하면서 부동산에 대한 이해도를 높여주고 있습니다.

고층빌딩에서 이해하는 부동산과 산업

"이 빌딩이 우리나라에서 제일 높은 거예요? 몇 층인데요? 100층 넘어요?"

높은 빌딩은 아이들의 흥미를 끌기 좋습니다. 랜드마크인 가장 높은 빌딩은 아이들뿐 아니라 한국에 관광 오는 어른들에게도 한 번쯤 꼭 들러야 하는 필수 코스입니다. 세계에서 손꼽힐 정도로 높은 빌딩이 있다는 것은 우리나라의 자랑거리이기도 합니다. 실제로 롯데월드타워는 세계에서 여섯 번째로 높은 빌딩으로, 서울을 벗어나도 그 모습이 보이기 때문에 아이들은 차를 타고 다닐 때 이 빌딩만 보이면 집에 거의 다 왔다고 생각할 정도입니다.

"우리 저 빌딩에 가보자."

우리 가족은 전 세계의 어느 도시를 가더라도 그 도시에서 제일 높은 빌딩은 꼭 올라가 봅니다. 아무래도 오랜 기간 동안 제가 주로 해온 업무가 빌딩 투자에 연관된 업무였기 때문이기도 하지만 새로운 건물을 보는 일은 언제나 즐거우니까요. 꼭 전망대가 있는 빌딩이 아니더라도 아이들과 빌딩 안과 밖을 거닐면서 이야기를 나누는 것은 재미있는 일입니다. 특히 비가 오거나 더운 날은 빌딩 투어를 하기에 제격입니다. 지하 아케이드에 있는 식당에서 아이들과 밥을 먹으면서 빌딩에 대해서 이야기를 할 수 있기 때문이죠. 주말이면 빌딩 주차장은 여유가 있기 때문에 잠시 주차를 한 뒤 주변에서 놀고 들어오기도 좋답니다. 저는 큰 빌딩에 주차하고 1층 로비에 있는 입주사 간판을 보면서 회사 하나하나에 대해서 아이들에게 설명을 해주곤 합니다.

서울 광화문, 종로, 여의도, 강남의 대형빌딩에 입주해 있는 회사들은 대기업이나 해외 기업인 경우가 많습니다. 그래서 대기업은 어떤 일을 하는 회사인지 알려주고, 해외 기업이라면 어느 나라의 회사인지, 어떤 일을 하러 한국에 와 있는지를 설명해주기도 하죠. 예를 들어 광화문역에 있는 교보빌딩에 놀러 갔을 때는 로비에서 이렇게 설명을 해주었습니다.

"지금 우리가 있는 이 빌딩은 교보빌딩이라고 해. 이 빌딩은 몇 살이고 몇 층일까?"

그러자 아이들이 재빨리 로비에 있는 입주사 현황판을 찾으러 다니기 시작합니다. 현황판에는 층별로 입주해 있는 기업이 표시되어 있기 때문에 이 빌딩이 24층이라는 사실과 함께 어떤 회사가 입주해 있는지를 알 수 있죠.

"24층이네! 근데 여긴 전 세계가 다 있는 것 같아! 회사들 이름이 다 달라."

"맞아! 이 빌딩은 광화문에서 가깝고, 바로 옆에 미국대사관도 있지. 이 빌딩이 있는 자리는 조선시대부터 경복궁을 나오면 바로 볼 수 있는 중요한 자리였어. 그만큼 역사가 깊은 곳에 있는 큰 규모의 빌딩은 교통과 시설이 좋기 때문에 크고 다양한 기업이 사무실로 사용을 하고 있지. 그래서 지금도 이 빌딩에는 호주, 핀란드, 오스트리아, 콜롬비아, 리투아니아 대사관이 있고, 수많은 외국 기업들이 이 빌딩을 사용하고 있단다."

"우와 신기하다. 그럼 외국인도 많겠네요!"

"응. 평일에는 외국인도 많고, 외국회사에서 일하는 한국인들도 많지. 이 빌딩의 면적을 다 펼치면 축구장 열 개를 합쳐놓은 것보다도 크거든. 그럼 이 빌딩 이름은 왜 교보빌딩일까?"

"지하에 교보문고가 있어서!"

"하하하. 교보문고가 있어서 교보빌딩이 아니라 이 빌딩을 소유한 회사의 이름이 교보라서 그래. 그래서 지하에 있는 서점 이름도 교보문고이고, 이 빌딩 이름도 교보빌딩인 거야. 밖에 나가면 이 회사를 세우신 분 동상도 있어. 그럼 이 빌딩은 몇 년이나 되었을까?"

"새것 같은데요?"

"땡! 이 빌딩은 아빠랑 나이가 비슷해. 그 정도로 오래된 건물인데, 새것처럼 리모델링을 하고 열심히 관리해서 이렇게 새것처럼 유지되고 있는 거야. 신기하지 않아?"

아이들은 빌딩의 이름, 나이, 층수 그리고 안에서 어떤 회사들이 어떤 일을 하는지만 알려주어도 빌딩에 흥미를 갖기 시작합니다. 그리고 계속 이렇게 다양한 빌딩에 대해 알아가면서 전 세계의 기업과 건물을 보는 안목을 키웁니다. 이미 서울은 글로벌한 국제도시로 큰 빌딩들만 다녀도 세계일주를 할 정도로 많은 나라를 언급할 수 있습니다. 그리고 그 안에 있는 기업들에 대해서 함께 찾아보면서 세상에 존재하는 수많은 직업과 산업에 대해서도 이야기할 수 있습니다. 부모님이 이러한 내용을 아이에게 알려주기 어렵다면 빌딩 로비에 같이 앉아서 서로 빌딩에 관련된 퀴즈를 내고 핸드폰으로 정답을 찾아가면서 이야기를 하는 것도 방법이죠.

 이 같은 대화는 빌딩에 가서 할 수도 있지만 함께 차를 타고 다니면서도 할 수 있습니다. 마치 외국에 방문했을 때 마이크로 그 지역이나 건물에 대해 설명해주는 여행 가이드처럼 말이죠.

 "지금 청계천 건너에 보이는 저 빌딩은 삼일빌딩인데, 40~50년 전에는 저 빌딩이 우리나라에서 제일 높은 빌딩이었어. 이름이 왜 삼일빌딩이게?"

 "31층이라서?"

 "맞아! 63빌딩이 63층인 것처럼 저 빌딩도 31층이라서 삼일빌딩이었어. 1985년에 63빌딩이 생기기 전까지 제일 높은 빌딩이었어. 물론 63빌딩은 123층짜리 롯데월드타워가 지어지면서 가장 높은 빌딩에서 물러났지. 그런데 이 빌딩이 제일 높던 1970년대에는 종로 주변이 한국에서 제일 번화한 곳이었어. 그러다가 1980년대에 들어서 금융업이 발달하면서 여의도에 63빌딩이 생기게 되었고, 지금은 산업의 중심이 강남으로 넘어왔기 때문에 강남 주변에 123층짜리 빌딩이 있을 수 있는 거야. 이렇게 빌딩의 높이와 크기만 봐도 어느 지역이 중심이 되고 있는지 알 수 있어."

해외여행에서 비교적 짧은 시간임에도 많이 배우고 새로운 시각을 얻게 되는 이유는 새로운 환경을 보고, 궁금해하며, 설명을 찾아보기 때문입니다. 그래서 저는 여행 가이드처럼 아이들의 눈에 보이는 부동산에 대해서 계속 설명을 해줍니다. 백과사전식으로 반드시 정확한 정보를 아이들에게 모두 말해줘야 한다는 부담은 전혀 가질 필요 없습니다. 이렇게 부모가 아는 범위 내에서 조금씩 이야기해주는 것이 지식을 전달하고자 하는 목적은 결코 아니기 때문이죠. 아이들에게 부동산을 보는 넓은 시야를 갖게 해주고 나아가 그것을 주제로 스스로 생각해볼 수 있는 시간을 주는 것이니까요.

정리해볼까요

- 우리가 매일 보는 풍경과 환경일지라도 조금만 관점을 바꾼다면 배울 거리가 많이 있습니다.
- 부동산의 경우도 무심코 지나치는 빌딩의 이름과 높이, 그 안에 있는 회사들의 간판과 역사 하나하나까지도 '왜 그럴까' 호기심을 갖고 이야기할수록 더 많은 것을 배울 수 있을 것입니다.

◆ 함께 실천해보세요

빌딩이 모여 있는 광화문과 종로, 여의도, 강남과 삼성역 주변에서 20층 이상의 빌딩 중 지하에 맛있는 식당이나 서점 혹은 볼거리가 있는 빌딩부터 방문해보세요. 아이들이 빌딩에 대해서 흥미를 갖게 될 것입니다. 그렇게 방문해서 빌딩의 위치, 역사, 이름과 소유주, 입주한 기업, 산업에 대해서 서로 문제를 내듯이 편하게 이야기를 시작해보세요.

안전하지 않은 아파트가 축하를 받는 이유: 재건축의 양면성

"안전진단 D등급이 뭔데 사람들이 좋아해요?"

아이들 등굣길 길목에 오래된 아파트 단지가 있습니다. 지하 주차장은 당연히 없고 모래바닥의 철제 놀이터가 있는 네모반 듯한 모양의 아파트입니다. 가끔 멀리서 보면 기다란 복도를 지나 집으로 들어가는 사람들이나 창가에 서서 먼 곳을 쳐다보고 있는 사람들이 있습니다. 아파트 단지 내 가로수도 높게 자라서 이제 조금만 있으면 아파트 최고층 높이와 비슷해질 지경입니다.

어느 날 그 튼튼하고 높은 가로수 사이에 사람들이 많이 모여

웅성거리고 있더군요. 현수막이 커다랗게 붙어 있었고, 현수막 문구 옆에는 마치 생일축하 팡파르가 터지는 듯한 그림도 그려져 있었습니다.

'축하합니다! 우리 아파트 정밀안전진단 D등급 획득!'

아이들이 저에게 물어보았습니다.

"아빠, 정밀안전진단이 뭐예요?"

"정밀안전진단이라는 것은 내가 살고있는 아파트가 안전한지를 살펴보는 검사야. 우리가 몸이 아픈지 알고 싶으면 병원에 가서 진단을 받는 것처럼 아파트도 나이가 들면 그렇게 검사를 받는 거야. 그중에서 정밀안전진단은 아파트의 여러 부분을 모두 꼼꼼하게 살펴보는 검사를 뜻해. 예를 들면 아파트 뼈대는 튼튼한지, 이 아파트에 사는 사람들의 생활환경은 어떤지, 외관은 어떤지, 엘리베이터 같은 건물 내 기계들은 잘 작동하는지 등을 살펴보는 거지. 그래서 그 검사에 맞춰서 점수를 매기는 거야."

"그럼 D등급이면 좋은 거예요?"

"정밀안전진단은 A등급이 제일 좋은 거고, D등급이 제일 안 좋은 거야. A등급이 건물이 제일 튼튼한 최고의 상태라면 D등급은 많이 아픈 안 좋은 상태야. 사람으로 설명하면 눈에 보이는 모습뿐만 아니라 우리 몸속에 있는 뼈대까지 심각하게 아파서 시간이 지날수록 더욱 위험해질 수 있는 상태를 뜻해."

"진짜? 그렇게 위험한 상태인데 왜 현수막에는 축하한다고 써 났어요? 잘못된 것 같은데?"

역시 아이들의 눈은 순수했습니다. 이런 상황에서 저는 어떻게 설명을 해줘야 할지 잠시 고민을 했습니다. 만약 "안전진단에서 위험하다는 결과가 나와야 저 아파트를 헐고 다시 지을 수 있기 때문에 좋은 거야"라고 설명하거나, 아니면 "맞아. 저 현수막은 잘못되었어. 사람이 사는 아파트인데 어떻게 저렇게 현수막을 만들 수 있지?"라고 말하게 되면 아이들이 편견을 갖게 될 수도 있을 거라고 생각했죠. 그래서 저는 왜 사람들이 이렇게 현수막을 만들게 되었는지부터 설명하기로 했습니다.

"아파트는 사람들이 그 안에서 살 수 있는 공간을 제공해. 집을 보면 밥을 해 먹는 부엌도 있고, 잠을 자는 방도 있고, 화장실도 있잖아. 그렇게 아파트는 사람들에게 공간을 제공하고 사용할 수 있는 가치를 갖고 있는 거야. 그럼 아파트를 사용하는 가치를 중시하는 사람들에게 안전진단에서 위험하다는 결과가 나왔다는 현수막은 그리 달갑지 않겠지. 누구나 안전하고 좋은 아파트에 살고 싶어 하니까."

"맞아요. 그게 당연한 거죠."

"그런데 아파트는 이렇게 공간을 사용하는 가치뿐만 아니라 또 다른 가치가 존재한단다. 그건 바로 투자의 가치라는 거야. 아파트를 사용하기 위해서는 이 아파트를 잠시 빌려서 사용을 할 수도 있지만, 돈으로 아파트를 사서 직접 그 안에서 살거나 아니면 그렇게 산 집을 다른 사람에게 잠시 빌려줄 수도 있어. 사람들이 그렇게 하는 이유는 이 아파트를 사두었을 때 나중에 시간이 지나면 가격이 오를 것이라는 기대감 때문이야. 예를 들어 모바일게임에서 100원짜리 아이템을 샀을 때 실제로는 200원의 효과를 나타낸다면, 사람들이 그 아이템을 살까 안 살까?"

"난 살 것 같아! 100원 냈는데 효과가 200원짜리면 좋은 거잖아요."

"그렇지. 그렇게 현재 내가 낸 가치인 100원보다 미래에 더 높은 효과가 예상되면 사람들이 너도나도 돈을 내게 되어 있어. 현재보다 미래의 가치가 높아질 것을 예상하고, 현재 가지고 있는 돈을 쓰지 않고 미래를 위해 지불하는 것을 우리는 투자라고 해. 그런데 생각해봐. 부동산은 주변에 아무리 좋은 것들이 있어도 한가운데에 오래된 아파트가 서 있으면 그 아파트를 옮길 수는 없잖아. 그래서 사람들은 그 오래된 아파트가 언젠가는 더 낡아서 새로 지어질 것을 기대하면서 투자를 하는 거야.”

“새로 지어지면 뭐가 좋은데요?”

“오래된 아파트를 부수고 새로 짓게 되면 다시 안전하고 생활하기 좋은 아파트로 거듭나기 때문에 그만큼 또 사용의 가치가 크게 상승하게 되지. 그런데 안전진단 D등급을 획득했다는 것은 이 아파트가 그만큼 오래되어서 곧 새로 지어질 수 있다는 상황을 증명한 거야. 그래서 투자의 가치를 중요시하는 사람들에게 이 소식은 ‘위험하니 대피하세요’의 느낌이 아니라 ‘이제 더 좋은 아파트로 다시 태어납니다’라는 느낌으로 받아들여지는 거야. 그래서 ‘축하합니다’라고 써놓은 거고.”

“그럼 새로 지으면 여기 사는 사람들은 다 이사 가야 해요?”

“응. 그사이에 이사를 가서 다른 집에 살다가 이 아파트가 새 것으로 다시 지어지면 그때 다시 들어와서 살면 되는 거야. 그런데 어떤 사람들은 그런 이유 때문에 이 아파트를 가지고 있지만, 반대를 하는 사람들도 많이 있단다. 왜냐하면 그렇게 많은 사람들이 비슷한 시기에 모두 이사를 가는 일이 쉬운 건 아니거든. 이렇게 오래된 아파트를 헐고 새로 짓는 것을 재건축 사업이라고 하는데 시장의 필요에 따라 재건축 사업을 해야 위험하고 오래된 건물 대신에 새로운 건물도 짓고, 더 많은 아파트를 공급할 수 있게 되는 거야."

우리는 재건축을 알리는 현수막 앞에 서서 많은 대화를 나누었습니다. 부동산은 많은 사람들의 이해관계가 얽혀있는 복잡한 자산이기 때문에 똑같은 말이라도 누구에게는 긍정적으로, 누구에게는 부정적으로 들릴 수도 있답니다. 아이들에게 설명을 해줄 때는 그 특징을 알고 여러 의견을 함께 설명해주는 것이 좋습니다.

정리해볼까요

· 안전진단에서 낮은 등급을 획득했다는 사실은 그 아파트에 살고있는 사람의 입장에서는 안전에 대한 우려가 생기는 부정적인 소식이지만, 그 아파트를 투자한 사람의 입장에서는 향후에 새로운 아파트로 다시 태어날 수 있다는 긍정적인 소식이기도 합니다.

· 이렇듯 부동산은 관점의 차이에 따라 사람들의 인식이 달라질 수 있다는 사실을 알아야 시장을 이해할 수 있습니다.

아이와 함께 오래된 아파트와 신축 아파트를 다니면서 서로 다른 점에 대해서 이야기를 나눠보세요. 오래된 아파트는 시설이 낡고, 복도가 있고, 주차장이 복잡한 모습을 갖고 있겠죠. 반면 신축 아파트에 비해 학교나 시장, 지하철역이 가까울 수도 있습니다. 또한 재건축을 통해 새로 지어진 아파트가 있다면 인터넷으로 과거 재건축을 하기 전 사진을 보여주면서 비교를 해주세요.

스타필드와 아웃렛이 주는 교훈: 규모와 유입력

"아빠 스타필드는 왜 이렇게 커요? 이벤트도 엄청 많이 하네요."

스타필드, 프리미엄 아웃렛과 같은 초대형 쇼핑몰은 주로 도시의 외곽에 있습니다. 날씨가 너무 덥거나 춥거나 혹은 비가 오는 날에 가족끼리 시간을 보내는 데 이보다 좋은 곳은 없습니다. 여러 종류의 매장이 모여 있기 때문에 엄마와 아빠는 옷가게를 구경하거나 마트에서 장을 볼 수도 있고, 아이들은 책방, 운동용품점, 장난감가게, 키즈카페 등에서 시간을 보낼 수 있죠. 아이들은 옷가게와 마트 구경하는 것을 지겨워합니다. 그래서 초대형 쇼핑몰에는 아이들이 흥미를 느끼기 어려운 매장들 주변으로 아이들이 좋아할 만한 그림 그리기 행사, 장난감 시연, 작은 놀이기구 등이 준비되어 있습니다.

"아빠 저거 봐요. 기차랑 회전목마도 있어요. 여기 무슨 놀이동산인가 봐요."

첫째 아들은 이제 초등학생이 되어서 놀이기구에 큰 관심을 보이지 않지만 아직 유치원생인 둘째 아들이 관심을 보이면서 소리쳤죠.

"그래 멀리까지 오느라 차도 막히고 고생했는데 한번 탈래?"

"네!"

그렇게 회전목마를 한 번 타고 난 뒤에야 아이들은 또다시 엄마, 아빠를 따라서 옷을 보러 갑니다. 그러나 매장을 두 개 정도 보고 나면 아이들은 이제 더이상 쇼핑에 질려서 매장에 들어오지도 않으려고 하죠. 결국 엄마는 매장에서 쇼핑을 하고, 아빠는 야외에 마련되어 있는 바닥분수나 정원에서 아이들과 함께 뛰어놀기 시작합니다. 그리고 다음 매장에 구경하러 갈 때는 중간중간 간식거리 하나 정도는 사주고 아이들 입에 넣어봐야 조용해집니다. 이러한 이유 때문에 아웃렛에는 곳곳에 즐길거리와 먹을거리가 준비되어 있죠. 그렇게 몇 시간 쇼핑을 하던 아이들이 결국 힘들다고 불평을 하기 시작합니다.

"여긴 왜 이렇게 크게 만든 거야! 힘들어 죽겠어요."
"걸어 다니기 많이 힘들지? 이럴 땐 밥을 먹어야 해. 푸드코트 가서 밥부터 먹자."
다행히 밥을 주니 단순한 아이들은 또 신이 납니다. 그때를 놓치지 않고 저는 아이들에게 물어보았습니다.

"그런데 여기 아웃렛 매장은 왜 이렇게 크게 만들었을까?"
"여러 가지 가게가 많이 들어와야 하니까?"
"맞아. 여러 매장이 함께 있어야 사람들이 선택할 수 있는 것들이 많아지기 때문이지. 그래야 서로 다른 취향을 가진 사람들이 많이 방문할 수 있겠지. 또 뭐가 있을까?"
"회전목마랑 기차도 있어야 하니까!"
"그것도 맞아. 어린이들도 함께 오게 하기 위해서는 아까 우리가 탔던 놀이기구와 먹거리도 충분해야 하거든. 그리고 그런 것들이 있어야 손님들이 즐거움을 느끼면서 오래 있을 수 있겠지. 쇼핑몰 입장에서는 손님들이 오래 있어야 손님들이 이 장소에서 더 많은 돈을 쓰게 되기 때문이야. 우리도 오래 있었더니 배가 고파서 이렇게 밥을 또 사 먹게 되는 것처럼 말이야. 그런데 집에서 여기까지 올 때 어땠어?"

"너무 멀어서 힘들었어요."

"그렇지, 큰 쇼핑몰을 우리가 사는 도시에서 조금 떨어진 외곽에 짓는 이유는 크게 두 가지가 있단다. 먼저 높은 빌딩이 있는 광화문 주변을 생각하면서 이곳의 풍경을 비교해봐. 여기 오는 길 주위에는 논이나 산도 보였고, 건물의 높이도 낮았잖아. 땅이 넓고 건물 높이가 낮은 지역은 그렇지 않은 지역보다 공간에 대한 활용도가 적기 때문에 땅값이 저렴해. 쉽게 생각해보면 아웃렛처럼 거대한 매장을 서울 한가운데에 만들면 땅값이 너무 비싸니까 비교적 땅값이 저렴한 외곽으로 나와서 건물을 지어서 처음에 아웃렛을 만드는 비용을 줄일 수 있는 거지."

"그렇구나. 결국 땅값 때문이었어."

"그런데 우리가 이렇게 힘들게 차를 타고 멀리서 왔는데 아웃렛에 매장도 별로 없고, 놀이기구도 없고, 먹을거리도 없으면 어떻겠어? 아마 볼 것도 없네 하면서 다시 오지 않겠지? 이렇게 먼 곳에 있는 매장은 차별성이 없으면 그냥 서울에 있는 가까운 백화점이나 마트에 가서 빨리 쇼핑을 하고 나오면 그만이거든. 그래서 이렇게 외곽에 있을수록 규모가 커지고, 여러 가지 이벤트도 하고, 구경도 하고, 즐길 거리를 계속 제공해서 사람들이 거리가 조금 멀어도 오게 하는 거란다. 그것을 우리는 유입력이라고 해. 사람들이 찾아오는 유입력을 높이기 위해서 도시에서 쇼핑몰의 거리가 멀어질수록 그 멀어지는 거리에 맞춰서 규모도 더욱 크고 화려해지는 것이란다. 그래야 사람들이 찾아오거든."

이 이야기가 아이들에게 어렵게 느껴질 것 같았습니다. 그래서 한마디 한마디 계속하면서 설명을 최대한 쉽게 여러 번 해주었고, 아웃렛 한 군데에서 모두 설명을 해준 것이 아니라 실제로는 여러 장소를 돌아다니면서 조금씩 조금씩 나눠서 해주었습니다. 그렇게 한곳에 방문할 때마다 짧게 조금씩 알려주면 됩니다. 아이들이 이건 왜 그럴까 하고 호기심을 갖게 해주는 것이 중요하고, 그에 맞춘 부동산적인 관점에서의 설명을 하나씩 곁들이는 것이죠. 그냥 보면 아무렇지 않은 사회현상도 '왜?'라는 호기심을 갖고 설명해주면 아이들의 사고력은 점차 확장될 것입니다.

정리해볼까요

· 교외에 있는 매장들이 점점 대형화되는 것은 더 많은 손님이 찾아오게 하기 위해서입니다.
· 매장과 손님과의 거리가 멀어질수록 규모의 크기가 증가해야 유입력이 커지기 때문이죠.

· 외곽에 있는 매장이 큰 이유가 단순히 땅값에만 있는 것이 아니라는 점이 재미있지 않나요?

◆ 함께 실천해보세요

초대형 쇼핑몰을 갈 때 가는 시간과 거리를 내비게이션을 통해서 확인하고, 쇼핑몰에 도착해서 쇼핑몰의 크기와 쇼핑몰에서 있었던 시간을 확인해보세요. 집 앞에 있는 마트랑 비교해봤을 때 멀리 올수록 매장의 규모가 더 커질 뿐만 아니라 손님들이 더 많은 시간을 보내는 것을 확인할 수 있을 것입니다.

부동산적인 주식 투자의 첫걸음

"게임회사 주식 사고 싶어요! 로블록스 너무 재밌어서 돈 많이 벌 것 같아요."

텔레비전을 보다가 주식에 대한 뉴스가 나왔습니다. 한참 주식 이야기가 나오자 아들은 주식이 무엇인지 제게 물었습니다.

"주식은 '내가 어떤 회사를 가지고 있어요'라고 말할 수 있는 증서 같은 거야. 그래서 그 증서를 가지고 있는 사람들을 그 회사의 주주라고 한단다. 주주는 뭐냐 하면 그 회사의 주인이라는 뜻이지. 그런데 그 주식의 숫자가 엄청 많이 조그맣게 나뉘어 있거든? 왜냐하면 회사의 규모가 너무 커서 혼자 가질 수 없기 때문에 그렇게 나눠 가지게 되는 거야. 그래서 그 주식을 많이 가지면 가질수록 주인으로서 힘이 커지게 돼. 그리고 회사의 주인이니까 당연히 그 회사 물건을 많이 팔면 주인에게 뭐를 줘야 할까? 팔아서 남긴 돈을 주인에게 돌려줘야 하겠지? 그것을 배당이라고 한단다."

"아! 그럼 어떤 회사를 갖고 싶으면 그 회사 주식을 사면 되는 거예요?"

아이는 주식에 대해서 생각보다 쉽게 이해를 한 것 같았습니다. 그래서 저는 종목에 대한 이야기로 조금 더 끌고 가보기로 했죠.

"맞아. 그럼 어떤 회사 주식을 사고 싶니?"

"난 로블록스 만드는 회사 주식 갖고 싶어요. 로블록스 너무 재밌거든요. 그 회사는 계속 잘될 것 같아요."

"그래 좋은 생각이야. 주식 투자를 하기 위해서는 우리의 실생활에서 가장 많이 쓰이고 발전될 것 같은 제품을 만드는 회사부터 눈여겨보는 것이 좋아. 아빠가 보았을 때도 스마트폰이 발달하고 사람들이 쉬는 시간이 많아지면서 로블록스 같은 게임을 만드는 회사들이 앞으로 계속 발전할 것 같거든."

"어? 그럼 스마트폰 만드는 회사도 좋겠네요."

"진짜 좋은 생각이다. 스마트폰을 만드는 회사가 있다면 그

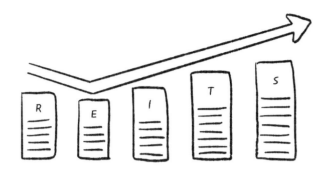

스마트폰 안에 들어가는 부품을 만드는 회사도 있겠지? 스마트폰 안에는 반도체도 들어가고, 액정화면도 들어가고, 카메라도 들어가고 엄청 많은 부품들이 들어가잖아."

"그런데 그걸 다 어떻게 찾아. 어렵다."

아무리 많은 지역을 가족과 함께 다니면서 여러 기업을 찾아다니기는 했어도 아이들이 직접 주식을 고르는 것은 너무 어려운 문제였습니다.

"맞아, 어렵지. 그래서 주식을 전문적으로 투자하는 사람들은 그 회사에 대한 뉴스나 소문을 듣고 손쉽게 투자를 하는 것이 아니라 그 회사에 대해서 끊임없이 공부하고 연구하지. 우리처럼 쉽게 생각하면서 투자를 하지 않아. 실제 그 회사에 방문해서 회사의 현재 상태와 미래의 발전 전략에 대해서 물어보거나, 주식을 가지고 있는 주주들이 모여서 하는 회의인 주주총

회에 참석을 하기도 해. 그렇게 회사만 보는 것이 아니라 산업의 발전과 그 회사의 목표와 비전을 비교해서 장기적인 시각으로 가치가 상승할 수 있는 회사의 주식에 투자를 하지."

설명은 해주었지만 역시 초등학교 저학년에게 주식의 가치투자를 가르친다는 것은 너무 어려운 일이었습니다. 그래서 저는 주식과 부동산을 결합한 '리츠'에 대해서 설명해주기로 마음먹었습니다.

"그럼 이렇게 크고 좋은 회사들은 주로 어디에 사무실이 있을까? 광화문 앞이나 강남에 있는 높은 빌딩에 있는 경우가 많거든. 그래서 그런 회사들이 모여 있는 빌딩에 투자하는 주식도 있어. 그걸 '리츠'라고 해"

"리츠는 과자 이름 아니에요? 재밌다. 그럼 그 회사 주식을 사면 그 빌딩 주인이 되는 거예요?"

"응. 과자 이름하고 철자는 다른데 읽는 건 비슷해. 리츠라는 주식은 빌딩을 회사처럼 만들어서 여러 명의 주인에게 나눠줄 수 있게 쪼개서 투자하는 거야. 그래서 빌딩에서 임대료를 받으면 그 임대료를 또 여러 명의 주인에게 나눠주는 거야."

"신기하다."

"그렇지, 그래서 이런 리츠 주식은 물건을 팔아서 얻는 수익을 주주에게 돌려주는 것이 아니라 그 빌딩을 사용하는 임차인들이 내는 임대료를 주주에게 돌려주기 때문에 일반적인 주식보다 배당이 안정적으로 나오지. 빌딩이 얻는 수익은 일반적인 기업처럼 산업의 변화나 경영 능력에 따라 들쭉날쭉하지 않고 임대차계약서로 일정 기간 동안 수익이 어느 정도 확정되어 있기 때문이야."

"나도 빌딩 사볼래요. 이거 부루마블 게임 하는 느낌이네요."

"맞아. 부루마블하고 비슷하긴 한데 현실은 게임처럼 한 사람이 돈을 많이 가지고 있지는 않으니까 여러 사람이 모여서 큰 빌딩을 사는 것이라고 생각하면 돼. 그러다가 다른 사람이 걸리면? 어떻게 될까?"

"통행료를 받는 거죠?"

"맞아! 게임과 비슷하게 임대료를 배당으로 받는 거란다. 그게 리츠라는 주식이야."

그렇게 저는 주식 이야기를 하다가 주식회사의 구조에 대해서 설명할 수 있었고, 나중에는 부동산 리츠까지 영역을 넓혀서 자연스럽게 아이들에게 소개할 수 있었습니다.

정리해볼까요

· 부모님이 뉴스나 소문 같은 정보에만 의존해서 투자하고 있다면 아이들도 어른의 그런 투자 습관을 똑같이 배우게 될 것이고, 그 편협한 시각에서 벗어나는 데 오랜 시간이 걸릴 것입니다.

· 특히 아이들에게 경제교육을 할 때 처음에 방향이 잘못되면 시간이

갈수록 이를 정상으로 돌리기에 더 큰 힘이 듭니다.

· 따라서 어느 회사의 주식이 좋다고 투자를 하라고 권유하기보다 올바르게 투자할 수 있는 방법을 알려주는 것이 더욱 중요합니다.

◆ 함께 실천해보세요

자녀와 함께 은행이나 증권사에 방문해서 주식계좌를 만들어보는 것도 좋습니다. 물론 창구에서 자녀가 할 수 있는 것은 싸인밖에 없을 것이고, 그 과정이 너무 지루해서 흥미를 잃어버릴 수도 있습니다. 그래도 나중에 주식계좌가 생긴 것을 보여주고, 관심을 갖는 회사의 주식을 몇 주 정도 사서 꾸준히 그 회사에 대해서 지켜보게 하는 것도 좋은 경제교육이 될 것입니다.

6장

· ·

결국 부동산 투자도
사람이 핵심입니다

· ·

가족과 함께
디지털 디톡스를

"심심해. 뭐 재밌는 것 없어요?"

여러분은 하루에 휴대폰을 몇 시간이나 보시나요? 한 기관에
서 조사한 결과에 따르면 성인의 평균 휴대폰 사용시간이 하루
에 5시간 정도라고 합니다. 놀랍지 않나요? 저도 사실 이 결과
가 과장된 것이라고 생각하고 스마트폰 설정에 들어가서 월 사
용 통계를 보니 꽤 많은 시간을 사용하고 있었습니다. 매일 출
퇴근하면서, 화장실에서, 밥을 먹으면서 그리고 잠들기 전에
습관적으로 무심코 열었던 스마트폰이 제 소중한 시간을 이렇
게 뺏어가고 있다는 사실이 충격적이었습니다. 특히 제가 스마

트폰을 보고 있는 사이 아이들은 그런 제 모습을 보고 무엇을 배우고 있었을까 생각하니 후회가 밀려오더군요.

우리 집 아이들은 부모의 통제하에 아직까지는 스마트폰을 사용하지 않고 있습니다. 필요한 경우에는 컴퓨터로 게임을 하거나 텔레비전을 통해 유튜브와 같은 영상을 시청하고 있죠. 게임과 영상 시청을 거실에 있는 컴퓨터와 텔레비전으로 한정한 이유는 스마트폰이나 태블릿보다 큰 화면이 눈의 피로를 줄여주고, 또 부모 입장에서 유해한 내용이 있는지 확인할 수 있기 때문입니다. 그러나 매일 지정된 시간인 하루 한 시간의 게임시간이 끝나고 나면 아이들은 바로 텔레비전을 켜고 영상을 보기 시작했죠. 그중 특히 게임 관련 유튜브 영상은 고함과 비속어가 남발하는 모습을 보여주고 있었습니다. 마음 같아서는 못 보게 하고 싶었지만 그 영상 또한 아이들 사회에서 대화 주제일 거라 생각되어 아예 끊을 수는 없었습니다. 결국 어른이든 아이든 우리 가족 모두 영상, 게임, 모바일 환경에 지나치게 노출되어 있다는 것을 느끼고, 고민 끝에 '전자기기 안 보는 날'을 정하기로 하고 그날 이름을 '디지털 디톡스 데이'로 정했습니다.

그렇게 매주 금요일은 우리 가족의 '디지털 디톡스 데이'가 되었습니다. 아이들과 함께 부모도 휴대폰을 만지지 않기로 했습니다. 처음에는 다 함께 거실에 멍하니 앉아서 무엇을 해야 할지 고민을 했죠. 아이들은 아무것도 하지 않는 심심한 그 시간을 버티는 것을 힘들어했습니다. 그러다가 주위를 둘러보기 시작했고, 서로 제안을 했습니다.

"우리 다 함께 책 볼까?"

"아니, 책은 오늘 학교에서 너무 많이 봤어요. 도서관도 갔다 왔고요. 발차기 연습은 어때?"

"그래. 그럼 매트 위에서 발차기 연습 열 번만 하자. 너무 많이 하면 쿵쿵 소리가 날 수도 있으니까."

"발차기 연습 끝나고 부루마블 보드게임 해요."

"그래, 이번엔 룰을 조금 바꿔볼까? 도시에 걸리면 줘야 하는 돈에 곱하기 2를 해서 받자. 그럼 서로서로 돈이 많아지니깐 건물을 많이 지을 수 있고, 또 빨리 지을 수도 있을 거야."

"좋은 생각이다!"

"그게 바로 시장에 돈이 늘어나는 걸 말하는 통화량의 증가라는 거야. 우리가 사는 사회도 보드게임이랑 똑같이 시장에 흘러 다니는 돈이 많아질수록 맛있는 것도 많이 먹을 수 있고, 건물도 많이 지을 수 있어서 일시적으로 경기가 살아나게 되지. 그런데 시간이 지나면 시장에 너무 돈이 많은 상태라 돈의 가치가 점차 떨어지게 되지. 그렇게 시중에 돈이 너무 많을수록 물가가 오르는 거야."

 이렇게 우리는 스마트폰과 텔레비전을 제외하고 집에서 함께
할 수 있는 여러 가지 것들에 대해서 하나씩 대화를 주고받았
습니다. 어떤 날은 앉아서 최근에 있었던 사건들에 대해서 아
이스크림을 먹으며 대화를 하거나 함께 누워서 책을 봤습니다.
유치원 시절로 돌아간 것처럼 몸으로 하는 놀이를 즐기거나 집
안일을 함께 하기도 했어요. 밖으로 나가 자전거를 타거나 배
드민턴을 치거나 아니면 집 근처 카페에 가서 팥빙수를 먹고 오
는 등 가족과 함께 할 수 있는 다양한 경험들이 채워지기 시작
했죠.

 이때부터 우리 가족의 대화량이 급격하게 늘어났습니다. 무언
가를 함께 하려다 보니 의견을 조율해야 하는 일이 많아졌고,
대화가 늘어나다 보니 그동안 있었던 일과 지금 처한 상황에 대
한 공감대가 더 많이 형성되었습니다. 예를 들어 예전에는 "아
빠, 오늘 늦게 와요?" 묻는 아들의 문자에 "응, 미안해. 오늘 일
이 많아서 늦을 것 같아"라고 스마트폰으로 답장을 보냈죠. 그
런데 이런 상황에 대해서도 깊은 대화를 하게 되면서 태도부터
방식까지 모두 달라지게 되었습니다. 아이들은 왜 아빠를 기다
렸는지, 그날 무슨 일이 있었는지, 그래서 아빠가 늦는다고 했

을 때 서로의 기분이 어땠는지를 말했죠. 그리고 저는 회사에서 어떤 일이 있었는지, 그 일이 왜 중요한지, 그 일은 왜 꼭 그 시간에 했어야 하는지에 대해서 설명했습니다. 스마트폰의 간편하고 빠른 대화보다 우리는 느리지만 깊은 대화를 하고 있었던 거죠. 사람들과 소통을 하기 위해 만들어놓은 스마트폰이 역설적이게도 가장 가까운 사람인 가족 간의 소통을 단절시키고 있었던 것입니다.

정리해볼까요

- 스마트폰과 같은 전자기기의 발달은 사람 사이의 소통과 지식의 발전을 가져왔습니다.
- 그러나 제일 가까운 관계인 가족에게는 그 말이 적용되지 않는 것 같습니다. 오히려 멀리 있는 사람들과 소통하다 보니 가까운 사람들과는 멀어진 느낌이 들기 때문입니다.
- 가족 간의 친밀한 유대를 위해 집에서는 전자기기의 사용을 줄여보세요.

'디지털 디톡스 데이'를 지정해서 가족 모두가 실천해보
세요. 가족이 함께 할 수 있는 일에 무엇이 있을지 고민도
하게 되고, 그동안 있었던 일에 대해서 대화를 하게 될 것
입니다. 아이들이 전자기기에 익숙해지기 전에 가족 간의
대화와 고민에 익숙해질 수 있도록 부모가 함께 노력해
주세요.

책과 친해지고 싶다면
책을 찢어버려라

"진짜 이 책 다 찢어버려도 돼요?"

학교에서 우리는 책을 소중히 다루라고 배웁니다. 책은 왠지 지식과 경험을 전해주는 선생님과 같은 존재이기 때문인 것 같습니다. 그래서 책에 낙서를 한다거나 접는다거나, 심하게는 찢는 행동을 하면 절대 안 될 것처럼 느끼는 것 같습니다. 저역시 어린 시절에는 책을 소중하게 생각했습니다. 그러다가 중학교 1학년 때 영어선생님을 만나면서 생각이 조금씩 달라지기 시작했죠. 영어선생님은 매주 영어교과서에 있는 문장을 한 챕터씩 외워오라고 숙제를 내셨습니다. 그리고 학생들 앞에서 영어교과서에서 외운 내용을 발표하게 했죠. 외우지 못하면 종아리를 한 대 맞고, 그다음 주에는 지난주 것을 포함하여 두 챕터를 외워서 발표를 해야 했습니다. 처음에는 대다수 학생들이 교과서를 줄줄 외웠지만 한 학기 중반이 되면서부터 다 외우지 못하는 친구들이 많아졌습니다. 그러자 선생님께서 이렇게 말씀하셨습니다.

"교과서가 대수냐? 책을 왜 신주단지 모시듯이 다들 모시고 사는 거야? 책은 너희들 공부하라고 만든 거지 깔끔하게 모시고 다니라고 만든 것이 아니야. 내가 외우라고 한 곳 찢어서 가지고 다녀. 주머니에 넣고 다니면서 밥 먹으면서도 보고, 화장실에서도 보고, 버스 타고 다니면서도 봐. 그럼 외워져. 책을 이용할 줄 알아야지 그걸 왜 깨끗하게 모시고 살아? 빨리 지금 다 교과서 찢어."

교과서를 찢으라는 선생님의 말씀에 우리는 머뭇거리다가 결국 한 명씩 교과서를 찢기 시작했고, 그렇게 한 장 한 장 찢은 책을 가지고 다닌 덕분에 우리는 모두 영어 문장을 외울 수 있었습니다. 저는 그때 선생님께서 가르쳐주신 책 활용법을 평생 잘 활용하고 살았습니다. 성인이 되어서도 책을 읽을 때는 깨끗하게 보기보다는 이 책을 쓴 작가의 지식과 경험을 모두 흡수하겠다는 마음가짐으로 밑줄을 치고 접었으며 찢어서 가지고 다니기도 했습니다. 그렇게 적극적으로 책을 활용하고, 마지막까지 의문이 풀리지 않는 점이나 마음속에 남는 문구가 있다면 꼭 메모장에 조금이라도 적어놓습니다. 이런 식으로 책을 모두 활용하고 나면 가끔은 책 가격이 저렴하게 느껴질 때가 많습니다.

물건을 적극적으로 활용하는 방법은 책에만 한정되지 않습니다. 저는 어떤 물건이든 일단 돈을 주고 사면 지나치게 아끼고 보존하기보다 그 목적과 기능을 잘 흡수하고자 했습니다. 왜냐하면 대부분의 물건들은 내가 돈을 주고 산 그 즉시 중고품이 되어 가격이 떨어지기 때문입니다. 따라서 시간이 지나면 어차피 가격이 떨어지니 그만큼 더 아깝지 않게 열심히 써야 한다는 거죠.

예를 들어 새 자동차를 샀다면 매일 손세차하고 잘 관리하는 것도 좋지만 저는 매주 자동차를 타고 먼 거리를 다니고자 했습니다. 그것이 이동수단인 자동차의 가치를 가장 높일 수 있는 것이라고 생각했기 때문입니다. 그렇게 내가 산 물건의 원래 사용 가치를 생각하고 최대한 활용하려고 하다 보니, 반대로 어지간히 활용을 하지 않을 것 같은 물건은 '조금 불편하고 말자. 사놓고 그냥 쌓아두는 것보다 낫다'고 생각하면서 아예 사지 않게 되었답니다.

"오늘은 책으로 성을 쌓아볼까?"
우리 아이들도 책을 대하는 저의 이런 마음과 태도에 영향을 받은 건지 책을 모시고 사는 대신 성을 쌓고 그 안에서 놀기도 합니다. 그러면서 자연스럽게 책과 친해지더군요. 책이 권위 있고 무서운 선생님이 아니라 늘 내 곁에 있는 친한 친구처럼 느껴지니까요.
물론 학년이 올라갈수록 책이 아이들을 힘들게 하는 경우가 생길 것입니다. 수학 문제를 어려워하던 첫째 아이에게 수학 문제집은 매일 자신을 괴롭히는 대상이었습니다. 왜냐하면 매일 문제집을 일정 분량 풀어야 하는데 책만 펴면 어려운 문제들이 나와서 아내를 힘들게 했기 때문이죠. 그 상태가 심해져 아이는 결국 문제집 푸는 것을 미루고, 미루고, 미루다가 어느 날 눈물을 흘리면서 책상에 앉아 있었습니다.

"우리 이 문제집을 풀 때 노래를 하면서 풀어보자. 숫자를 노래처럼 읽는 거야. 자, 아빠부터 해볼게."
저는 노래를 부르면서 문제를 하나씩 풀기 시작했습니다. 그리고 한 장을 다 풀고 노래가 끝나면 채점을 하고 그 자리에서 찢어버리고는 구겨서 던졌습니다.

"살아가면서도 나를 힘들게 하는 것이 있으면 빨리 풀어버리고, 이렇게 찢어서 마음속에서 없애버려."

아이는 그런 아빠의 모습에 잠시 놀라는 듯 보였으나 이내 신나하면서 문제를 풀었습니다. 자기를 그토록 힘들게 했던 책에 마음껏 화풀이를 할 수 있다는 사실이 기분 좋았나봅니다. 그리고 이번에는 문제를 다 풀고 채점을 마친 뒤 조각조각 찢어서 꽃잎처럼 허공에 던졌죠. 저 역시 이번 일을 계기로 책보다는 사람이 먼저라는 것을 느꼈습니다. 그렇게 사람이 먼저여야 아무리 어려운 일이 닥쳐도 이겨낼 수 있는 힘이 생긴다는 것을 확인했거든요.

정리해볼까요

· 아이가 책과 친해지게 하고 싶으면 책을 깨끗하게 읽고 고이 모셔두려 하지 말고 아이가 최대한 활용할 수 있는 환경을 만들어주어야 합니다.

· 그래야 책에서 더 많은 것을 찾아서 배울 수 있고, 나아가 다른 사물을 대할 때도 그 사물이 가지고 있는 활용 가치를 먼저 생각하는 태도를 갖게 될 것입니다.

집에 안 읽는 책이 많이 있다면 그 책을 모두 꺼내서 장난 감 가지고 놀 듯 성을 만들어보세요. 그렇게 책과 친해지 다 보면 아이들이 궁금해서 스스로 한 번씩 펴보게 될 것 입니다. 아이가 싫어하는데 억지로 책을 읽게 하지 말고, 책에 대해 아이의 마음이 풀어질 수 있는 방법을 연구해 보는 것이 좋습니다.

친구를
용서하는 방법

"집 앞에 세워둔 킥보드가 사라졌어요!"

우리가 살고 있는 아파트는 6개 동으로 이루어진 작은 단지인데, 가운데에 커다란 공원이 있습니다. 이 중앙 공원에서 매일 많은 어린이들이 자전거와 킥보드를 타고 돌아다닙니다. 단지도 크지 않거니와 학교 학생 수도 한 학년에 40명 정도로 인원이 많지 않기 때문에 누가 누구인지 다 알죠. 그래서 서로 자전거나 킥보드를 빌려 타기고 하고, 한 친구가 축구공 하나라도 가지고 나오는 날이면 온 동네가 시끄러워집니다. 그러던 어느 날 사건이 발생했습니다. 우리 집 대문 앞에 세워 둔 킥보드가 사라진 것이죠. 아무리 대문 앞이라고 하더라도 중앙현관을 비밀번호를 누르고 들어와야 하기 때문에 안전할 거라 생각했던 것이 실수였습니다.

"아무리 찾아봐도 없어요."

아이들과 저는 킥보드를 찾으러 온 아파트 단지를 뒤졌습니다. 자전거 세워두는 장소, 놀이터, 화단, 중앙 공원, 운동장 등 킥보드가 있을 만한 곳은 모두 찾았지만 찾지 못했습니다.

"친구들이 잠시 타려고 빌려간 것 아닐까?"

"그럼 금방 타고 다시 가져다 놓겠네요?"

아이와 나는 안일한 생각으로 다음 날을 맞이했습니다. 하지만 그렇게 하루가 가고 이틀이 가도 킥보드는 돌아오지 않았죠. 우리는 매일 킥보드를 찾아 헤매고 다녔습니다. 평소에 킥보드를 즐겨 타던 아이는 지쳐서 말했습니다.

"근데 진짜 누가 가져간 거야! 빌려가서 잊어버린 건가?"

"만약 친구가 빌려가서 잊어버린 것이면 그건 도둑질일까, 아닐까?"

"응? 글쎄요……."

"아빠가 봤을 때 아무리 친구라 해도 주인에게 허락을 받지 않고 가져가고, 그렇게 해서 주인에게 피해를 끼치고, 그 피해가 지속된다면 그건 분명히 도둑질이야."

"그래도 만약 같은 반 친구이면요?"

"아무리 친해도 너에게 피해를 줬다면 너는 피해자가 되는 거고, 그 사람은 가해자가 되는 거야. 도둑질을 한 것과 그렇지 않은 것은 그 사람이 내 친구이건 아니건 전혀 상관이 없는 일이야. 생각해봐. 친한 친구가 네 거인지 알고도 킥보드를 허락 없이 가져갔으면 더 나쁜 것 아니야?"

"듣고 보니 그렇네요."

"예전에 아빠랑 여행 갔을 때 아빠 지갑 소매치기해간 사람 있잖아. 그때 우리 얼마나 힘들고 무서웠니. 그렇게 눈에 보이게 훔치는 것도, 몰래 가져가는 것도 남에게 모두 피해를 주기 때문에 나쁜 거야."

아이는 본인이 받은 피해와 함께 아직 확실하지도 않은 친구와의 관계 사이에서 고민을 하고 있는 것 같았습니다. 그렇게 몇 달이 흘렀고, 아이는 아직 킥보드를 찾지 못했으며, 저 역시 새 킥보드를 사주지 않았습니다. 가끔 아파트 공원에서 킥보드를 잃어버린 첫째 아들이 동생 킥보드를 타거나 친구들 킥보드를 빌려서 타고 있는 모습을 볼 때면 안쓰러운 마음이 듭니다. 저 아이가 킥보드를 잃어버리고 싶어서 잃어버린 것도 아니고 누가 훔쳐간 무척 억울한 상황이기 때문이죠. 그래서인지 아이도 가끔 마트에서 새 킥보드를 볼 때면 기어들어가는 목소리로 사달라는 소리는 못하고 조그맣게 혼잣말을 하곤 하죠.

"킥보드 있으면 좋겠다······."

아이의 안쓰러운 모습을 보고 새로운 킥보드를 사줄까도 고민했습니다. 사실 이 글을 쓰고 있는 지금도 사주고 싶기도 합니다. 그러나 제 아이가 안쓰럽다고 킥보드를 쉽게 사주는 순간, 아이는 어떤 물건이라도 앞으로 소중하게 여기지 않을 것 같았습니다. 자신이 가진 물건을 잃어버리더라도 불쌍하게 행동하면 부모가 새로 사준다는 옳지 않는 생각을 가르쳐줄 것 같았습니다. 그리고 둘째 아이나 셋째 아이도 그런 형의 모습을 보고 배울 것 같았죠. 자신의 물건을 대할 때 진심을 다해 소중히 여기는 생각이 줄어들 것 같았습니다.

아이가 잃어버린 물건을 부모가 대신 사줌으로써 생기는 혼란스러운 상황은 한두 개가 아닙니다. 먼저 아이가 본인의 물건을 훔쳐간 사람을 마음속으로 쉽게 용서해버릴 것입니다. 왜냐하면 킥보드를 훔쳐간 것은 처음에는 피해였지만 결국 부모가 새것을 사주어서 결과적으로는 더 좋은 킥보드를 얻게 되는 이익으로 돌아왔기 때문이죠. 이렇게 하는 것은 아이가 가해자를 용서하는 것이 아니라 부모의 돈으로 상황을 무마시켜버린 위로의 개념과 가깝습니다. 용서는 피해를 준 사람이 피해를 받은 사람에게 찾아와서 그 피해를 해결해주고 위로를 해줬을 때

피해를 당한 사람이 해주는 것입니다. 외부의 어떤 변화와 힘으로 인하여 피해자가 용서하게끔 만드는 것은 진정한 용서가 아니죠. 이렇게 돈으로 급하게 해결하는 것은 부모의 마음은 편해질 수 있는 방법이지만 실제로는 가해자에게도 피해자인 자녀에게도 어떠한 도움이 되지 않는다는 것을 꼭 알려주고 싶었습니다.

정리해볼까요

- 자녀가 억울한 일을 당했을 때 부모님은 마음이 아프고 어떻게든 도와주고 싶어서 돈으로 그 상황을 해결해주고 싶겠지만, 그렇게 할수록 아이는 살아가면서 수없이 닥칠 문제 앞에서 스스로 이겨내는 법을 배우지 못할 것입니다.

◆ 함께 실천해보세요

자녀가 억울한 일을 당했을 때 부모가 빨리 해결하려고 하지 말고 자녀와 함께 문제의 근원을 찾아보세요. 그리고 문제가 해결이 될 때까지 부모가 함께 힘쓰는 모습을 보여줘야 해요. 그런 모습이 아이에게는 튼튼하고 건전한 정신력을 갖도록 할 것입니다.

빨리 갈 순 있어도
멀리 가지 못한다면

"아빠, 부자는 나쁜 사람이에요?"

어린이 애니메이션이나 영화를 보면 부자는 대개 나쁜 사람으로 묘사됩니다. 만화영화 〈스폰지밥〉에 나오는 햄버거가게 집 게사장은 돈을 무척 좋아해서 주인공인 스폰지밥에게 일을 시키고, 돈이라면 뭐든지 하는 모습을 보여줍니다. 얼마 전에 본 영화 〈웡카〉도 초콜릿을 팔아 부자가 된 사람들이 가난한 주인 공이 초콜릿을 팔지 못하게 막는 내용입니다. 이런 매체를 통해 아이들의 눈에 부자들은 으레 가난한 사람들을 괴롭히는 사람일 것이 분명합니다. 그러나 저는 부자를 다른 시선으로 봅니다. 제가 생각하는 부자는 자신의 분야에서 열심히 일해서 성공을 하고, 또 그 일을 통해 많은 자산을 축적한 사람입니다. 그래서 아이들에게 부자를 질투의 대상으로 보는 대신 배워야 할 장점이 많은 사람으로 보고 그들의 장점을 설명해주려고 합니다.

어느 날 차를 타고 가는데 아이가 물었습니다.

"아빠. 그런데 비싼 자동차를 타는 부자들은 왜 깜빡이도 안 켜고 난폭하게 운전해요?"

"왜 부자들은 그렇다고 생각해?"

"아니, 저 차 좀 보세요. 자기 차 좋다고 자랑하는 것도 아니고 운전을 막 하잖아요."

길에서 난폭하게 운전하는 자동차를 보고 아들은 화가 많이 난 것 같았습니다. 그래서 저는 이렇게 설명을 해주었죠.

"도로에서 난폭운전을 하는 사람은 분명 잘못된 행동을 하는 것이란다. 그런데 그것이 부자이고 부자가 아닌 것과는 사실 상관이 없어."

"네? 부자는 나쁜 사람이 아니에요?"

역시 아이들의 마음속 부자의 모습은 좋은 사람은 아닌 것 같았습니다. 하지만 눈앞에 보이는 고급 자동차를 보면 분명 난

폭하게 운전을 하고 있으니 현실과 전혀 맞지 않는 이야기는 아니었습니다. 저는 아이들에게 부자라면 가져야 할 태도와 의무에 대해서 설명을 해주고 싶었습니다. 이런 작은 가르침이 쌓여 언젠가는 세상을 바꿀 수 있다고 생각하기 때문입니다.

"부자는 그냥 돈이 많은 사람을 가리키는 단어일 뿐 그 사람의 좋고 나쁨, 인성이나 성격에 대해서 설명하는 단어는 아니란다. 부자여도 착한 사람일 수 있고, 반대로 가난해도 나쁜 사람일 수 있는 거지. 그런데 사람들은 가끔 착각을 하기도 해. 그 착각은 자신은 부자이기 때문에 남들보다 더 강한 사람이라고 생각하는 것에서부터 시작되지. 나보다 적게 가진 사람들에게 함부로 대해도 될 것이라고 착각하는 거야. 학교에서도 힘이 세고 운동도 잘하는 친구가 힘이 약한 친구를 괴롭히는 것처럼 말이야. 그런데 그렇게 약한 친구들을 괴롭히는 사람을 좋아할 수 있을까? 앞에서는 그 사람이 힘이 세니깐 좋아해주는 척하다가도 뒤에서는 모두 그 사람이 실수하기만을 바라고 있을지도 몰라."

"맞아요. 학교에도 그런 애들 있어요. 아빠 말이 맞아. 친구들이 다 싫어해요."

"그렇지. 부자도 마찬가지야. 자신이 돈이 많다는 이유로 자신보다 돈을 적게 가지고 있는 사람을 괴롭히거나 무례하게 대하면, 사람들은 겉으로는 그렇지 않아도 속으로는 분명 그 사람이 실패하기만을 바라게 될 수 있거든. 그래서 그 부자가 조금이라도 실수를 하면 마음속에 안 좋은 감정을 가지고 있던 사람들이 그 부자가 다시 일어설 수 없게 더욱 혼쭐을 내주겠지. 사람은 완벽한 존재가 아니기 때문에 모든 것을 다 알 수 없고 모든 것을 다 가질 수 없어. 언젠가는 실수를 하게 되어 있지. 그러니까 스스로가 완벽하지 않다는 사실을 알고, 만약 남들보다 조금이라도 더 가진 것이 많다고 느껴지면 더욱 겸손해야 하고, 적게 가진 사람들을 도와야 해. 눈에 보이는 돈뿐만 아니라 눈에 보이지 않는 지식과 경험을 더 많이 가지고 있는 경우도 마찬가지란다. 그렇게 내가 먼저 다른 사람들을 도울수록 사람들은 내가 더 잘되기를 바라게 되고, 그렇게 해야만 실수를 하더라도 내가 가지고 있는 많은 것들을 더 오랫동안 지킬 수 있는 거란다."

"그래서 선생님이 그렇게 서로 양보하고 돕고 지내야 한다고 하는구나……."

"응. 그래서 진짜 더 큰 부자일수록 더 겸손해야 하고 잘난 척을 하면 안 되는 거야. 그리고 다른 사람들도 함께 잘될 수 있도록 도울 줄 알아야 오랫동안 부자인 상태를 유지할 수 있는 거지."

"그럼 자기가 좋은 차를 탔다고 다른 사람들 무시하면서 난폭하게 운전하는 사람은 진짜 부자가 아니겠네요."

"응. 그런 사람들은 지금 당장은 부자처럼 보일 수 있어도 오래가는 진짜 부자는 아닐 거야. 많은 사람들이 아니라고 생각하는 행동을 할 때는 그에 맞는 큰 책임이 따르거든."

우리는 부자를 볼 때 그 사람의 외적인 모습만 보고 부러워할 뿐 그가 어떻게 부자가 되었는지에 대해서는 깊게 생각하지 않습니다. 그런데 제가 부동산 관련 일을 평생 해오면서 알게 됐던 진짜 부자들을 매우 겸손하고 성실하며, 다른 사람들을 존중하면서 함께 성장하길 원하는 사람들이었습니다. 그에 반해 가짜 부자들은 남들을 업신여기고 화려한 모습에 집착했죠. 저는 이러한 차이점이 돈을 바라보는 태도와 습관에서부터 나온다고 생각합니다. 그래서 아이들에게 돈을 버는 방식과 경제상식뿐만 아니라 주변 사람을 존중하는 태도도 반드시 교육해야 한다고 생각합니다. 돈을 벌 수 있게 해주는 것은 결국 돈이 아니라 내 주위의 사람들이기 때문이죠.

정리해볼까요

· 아이들은 부자에 대한 안 좋은 편견을 가지고 있는 경우가 많습니다. 이러한 부정적 편견은 어른들의 잘못된 행동 때문이겠죠.

- 부자는 탐욕스럽고 나쁜 사람이 아니라 성실하고 열정적인 사람이라는 인식을 심어줘야 합니다.
- 그리고 그렇게 번 돈을 오랜 기간 지키고 가치 있게 쓸 수 있는 방법도 함께 알려줘야 하겠죠.

◆ 함께 실천해보세요

아이와 함께 '부자' 하면 떠오르는 단어가 무엇이 있는지 이야기해보세요. 부정적인 단어들이 많이 떠오를 것입니다. 그렇다면 이번에는 그 단어들의 뜻과 반대되는 단어들이 가난을 뜻하는지 생각해보세요. 전혀 그렇지 않을 것입니다. 그렇게 아이와 부자에 대한 인식을 긍정적으로 바꿔나가는 역할놀이를 해보세요.

투자의 덫을
피하는 방법

"놀이터에서 모르는 아저씨가 장난감 사준다고 같이 가자고 하면 가면 안 돼."

 어린이 실종사고는 끊임없이 일어납니다. 과자봉지 뒷면을 보면 몇십 년 전에 잃어버린 자녀를 찾아달라는 안내문이 붙어있고, 운전하고 길을 가다 보면 가끔 실종아동을 찾는 가슴 아픈 내용의 현수막도 보입니다. 저도 예전에 워터파크에서 아이를 잃어버린 경험이 있습니다. 그래서 이런 내용의 안내문을 보면 가슴이 찢어질 것처럼 아프고, 주변에 비슷한 사람이 있었는지 한 번 더 생각하게 됩니다.

워터파크에서 아이를 잃어버렸을 당시, 첫째 아들은 엄마와 물놀이를 하러 가고, 둘째 아들은 졸리다 해서 저와 함께 썬베드에 누워 있었죠. 아이는 분명 제 품에서 자고 있었고, 저 역시 스르르 잠이 들었습니다. 그사이에 둘째 아들은 잠이 깨어 혼자 물놀이를 하러 갔나봅니다. 다행히 구조요원이 아이를 발견하고 데리고 있었지만, 갑자기 이상한 느낌에 잠에서 깨어나 울면서 아이의 이름을 부르며 찾아다녔던 그 시간은 정말 하늘이 무너진 것만 같았습니다.

다행히 학교에서는 여러 가지 방법으로 어린이 실종 예방교육을 하는 것 같았습니다. 둘째가 유치원 다니던 시절 하루는 저에게 와서 물어보았습니다.

"아빠, 모르는 사람이 장난감 사준다고 웃으면서 같이 가자고 하거나 아빠 친구라고 가자고 하면 뭐라고 대답해야 하는지 알아요?"

"글쎄? 뭐라고 해야 돼?"

"안돼요. 싫어요. 도와주세요! 그렇게 소리치고 도망가야 한데요."

"그렇구나. 그래도 쫓아오면 어떻게 해?"

"주위 다른 어른들에게 도와달라고 해야 한데요."

둘째 아들과 이런 이야기를 하다가 초등학생 첫째 아들한테도 물어보았습니다.

"주위에 모르는 어른이 아빠 친구라고 하거나 무언가 준다고 하면서 갑자기 친하게 다가오면 어떻게 해?"

"발로 차고 도망가지. 하하하하."

아직 철이 없는 초등학생다운 답변이었지만 정확한 답변이었습니다. 그런데 저는 여기에 또 살을 더 붙여서 말해주었죠.

"그런데 그건 어른이 되어서도 마찬가지다?"

"네? 아빠처럼 큰 어른도 납치하는 사람이 있어요?"

"아니, 어른이 되면 납치는 하지 않지만 가진 돈을 뺏으려는 사람들은 여전히 많아. 그런 사람들일수록 아빠랑 친한 척하려고 같은 학교를 나왔다거나 고향 친구라고 하면서 접근을 해. 그리고 본인이 전문가인데 도와주겠다는 말을 하면서 사기를 치고 돈을 뺏어가는 경우가 많단다."

"그럼 어떡해야 해요?"

"가장 중요한 건 예전부터 오래 알았던 친구나 내 주위에 있는 사람부터 잘 돌봐야 해. 진짜 힘들 때 도와주는 사람들은 그런 사람들이거든. 만난 지 얼마 안 되었는데 갑자기 지나치게 잘해주는 사람은 다른 이유가 있어서 그러는 경우가 많단다."

"그럼 그걸 어떻게 알아요?"

"그런 사람들은 네 마음이 힘들 때 주위에 꼭 나타난단다. 마음이 힘들어지면 힘들어질수록 주위에는 너를 속이려 하는 사람들이 더욱 더 많아질 거야. 그런데 그런 사람들의 숫자가 많아지는 것보다 더 중요한 건 너의 마음이 약해질수록 그런 달콤한 유혹에 더 잘 넘어가게 된다는 거야. 왜냐하면 마음이 약해서 무너질수록 귀가 얇아지거든."

"마음이 무너질수록 귀가 얇아진다는 게 무슨 말이에요?"

"네 마음속에 벽이 있다고 생각해봐. 하얗고 높은 벽이야. 그런데 벽에 상처가 나서 아주 작은 틈이 생겼어. 그럼 그 틈을 어서 수리하고 다시 하얀 페인트를 칠해서 없었던 것처럼 만들어야 되지. 그런데 수리를 하지 않고 계속 놔두면 그 틈이 점점 벌어지게 되겠지? 그렇게 그 틈이 벌어져가던 어느 날 잡초가 그 틈에서 뿌리를 내렸다고 생각해봐. 그럼 잡초의 뿌리가 커질수록 그 틈은 더 벌어지고, 결국 잡초가 너무 커져서 네 마음속의 벽을 부수게 되는 거야."

"그렇구나……. 그럼 벽을 튼튼하게 하려면 어떻게 해야 해요?"

"마음속의 벽이 튼튼해지려면 네가 다른 사람들보다 더 많이 생각하고 공부해야 한단다. 이것은 부동산에 투자할 때도 마찬가지일 거야. 네가 부동산에 대해서 아는 것이 적을수록, 다시 말하면 너의 마음속에 틈이 넓어질수록, 네가 친하다고 믿는 사람이나 너에게 웃으면서 다가오는 사람들의 말만 믿고 그 사람들이 추천하는 부동산에 투자를 하게 될 거야. 대체로 그런 부동산 투자 상품일수록 위험성이 높거나 상품의 가치가 떨어지는 경우가 많아. 진짜 좋고 아름다운 건 사막의 우물처럼 세상에 잘 보이지 않거든. 잘못된 선택은 선택 자체도 문제이지만 만약 그것이 네가 스스로 선택한 것이 아니라면 더 큰 후회로 남게 될 거야. 그게 바로 아빠가 말한 마음속 벽이 부서지는 순간일 거야."

· 어린이들은 갑자기 친한 척하며 다가와 호의를 베푸는 사람을 따라가면 안 된다는 것을 잘 알고 있습니다.

- 그러나 어른이 되어 투자를 하면서 이런 사실들을 잊고 어느 순간 나를 향해 웃음 짓는 사람들의 말만 믿고 투자를 할 때가 있습니다.
- 인생과 투자 모두 스스로 경험하면서 배우지 않는다면 나중에 후회만 가득해질 수 있습니다.

◆ 함께 실천해보세요

아이들이 유치원이나 학교에서 어린이 실종예방 교육을 받았는지 확인해보세요. 혹시 아이들이 잊고 있다면 부모님이 다시 교육하면서 '마음속의 하얀 벽' 이야기를 들려주세요.

투자도 인생처럼 화장실이 급할 때가 있다

"아빠, 나 화장실 가고 싶어요. 나올 것 같아."

아이들은 언제 어디서든 급작스럽게 화장실을 가고 싶어 하는 일이 많죠. 이럴 때 대형마트나 쇼핑몰, 상가와 같은 건물 안에 있는 경우에는 큰 문제가 되지 않습니다. 왜냐하면 마트나 쇼핑몰이라면 표지판을 쉽게 찾을 수 있고, 잠겨 있는 화장실 상가라면 이용 중인 가게에서 비밀번호를 알아내 들어갈 수 있기 때문입니다. 그러나 아이들의 경우 화장실 문제는 이렇게 안정적인 상황에서만 벌어지진 않습니다.

자동차나 지하철을 타고 이동하는 순간, 길을 걸어가는 순간, 혹은 다른 아파트 단지 놀이터에서 노는 순간에도 아이들에게는 갑자기 화장실을 가고 싶어 하는 경우가 자주 생깁니다. 다행히도 저는 초등학교 시절부터 과민성 대장증후군을 앓고 있기 때문에 위급한 상황에서 화장실을 빨리 찾는 방법을 알고 있죠. 사실 이 병 덕분에 어린 시절부터 전국 방방곡곡을 다니면서 여러 종류의 건물에 아무렇지 않게 화장실을 찾으러 들락날락했기에 부동산과 많이 친해진 것 같습니다. 실제로 제가 대학생 시절 취미로 했던 일 중 하나가 종로에 있는 모든 빌딩의 화장실을 모두 가보는 것일 정도로 화장실과 건물을 좋아하기도 하거든요.

차로 이동하는데 화장실이 급한 경우에는 가까운 주유소에 들어가면 됩니다. 주유소 화장실은 일반인에게 개방하도록 되어 있고, 아이가 화장실을 간 사이에 자동차에 기름을 넣으면서 기다리면 됩니다.

지하철을 타고 가면서 화장실이 급한 경우에는 목적지까지 참으면서 가지 말고 잠시 내리면 됩니다. 지하철역에는 화장실이 있죠. 만약 개찰구 밖으로 나가야 하는 상황이라면 인터폰을 통해 화장실을 이용하고 돌아온다고 양해를 구하면 됩니다. 서울 지하철은 15분 내에 다시 들어오면 무료지만 아이와 함께 가다 보면 15분이 넘는 경우가 생기기 때문이죠.

길을 걷다가 화장실이 급한 경우는 가로수 높이 정도에서 표지판을 잘 살펴보면 개방화장실이라고 쓰여 있는 표지판이 보입니다. 화장실을 일반인에게 개방하는 대신에 지자체로부터 소액의 관리비용을 지원받죠. 아니면 스마트폰에서 지도 어플을 켜고 공중화장실과 개방화장실을 검색하는 방법도 있습니다. 그래도 어려우면 카페에는 꼭 화장실이 있기 마련이니 잠시 들러 음료를 주문하고 화장실을 이용하기도 합니다. 버스를 타고 이동할 때도 지하철을 이용할 때와 마찬가지로 급할 때는 중간에 내려서 주변 건물의 화장실을 찾아서 들어가면 됩니다.

건물 안에 들어가서도 빨리 화장실을 찾는 저만의 노하우가 있습니다. 빌딩의 경우는 계단이나 엘리베이터가 있는 건물의 중앙 부분에 주로 화장실이 있습니다. 계단실과 엘리베이터 홀이 있는 공간을 건물의 핵심적인 역할을 하는 코어Core 부분이라고 합니다. 이곳은 마치 사람의 척추와 같이 중심이 되는 공간으로 계단과 엘리베이터뿐만 아니라 전기 배선, 상하수도 배관이 지나가는 곳이기도 하고, 화장실이 위치하기에 제일 적합한 장소입니다.

모든것을 비우고
잠시 쉬세요

　제가 아이들과 함께 화장실을 찾아다닐 때마다 꼭 해주는 이야기가 있습니다.

　"살다 보면 네가 가야 할 목적지라는 것이 생길 거야. 우리가 걸어가는 것처럼 움직이면서 가는 것만이 목적지를 향해 가는 것은 아니지. 살다 보면 인생의 성공이라는 목적지를 향해 노력하는 과정도 있어. 이것은 단순히 걷는 것뿐만 아니라 네가 살아가는 과정이기도 해. 그런데 아무리 목적지로 가는 일이 중요하다고 생각되더라도 너의 몸이나 마음이 다친다면 모두 소용없는 일이 된단다. 생각해봐. 바지에 실수를 하고 목적지에 빨리 도착하는 것이 좋니? 아니면 조금 늦더라도 화장실에 다녀와서 편하게 목적지를 향해 가는 것이 좋니?"

　"바지에 실수하는 건 생각만 해도 너무 싫어요. 친구들이 엄청 놀릴 걸요."

　"맞아. 인생도, 네가 이루고자 하는 성공도 그리고 부동산 투자도 마찬가지란다. 아무리 중요한 일처럼 보여도 급하면 잠시 화장실에 다녀와도 돼. 빨리 가는 것보다 내가 만족하고 행복하게 가야 지치거나 쓰러지지 않고 오랫동안 목적지까지 갈 수 있어. 부동산 투자도 빨리 돈을 벌고 싶다는 욕심을 부리면서 감당하기 힘들 정도로 무리한 투자를 하거나, 과도한 대출을 받거나, 성급하게 결정을 한다면 투자라는 그 단어 자체가 너를 몹시 힘들고 지치게 할지도 모르지. 그럼 너는 그 어떤 투자도 계속할 수 없을 거야. 지쳐서 포기하기 때문이야. 근데 삶도 투자도 단 한 번의 짧은 과정을 통해 성공하는 법은 없단다. 그래서 평생 해야 하는 것이기 때문에 지치지 않고 꾸준히 하는 것이 중요하단다. 중간에 화장실도 가면서 말이지."

이런 화장실 교육이 지속되면서 아이들은 이제 화장실을 잘 찾아다니고, 중간에 화장실을 가는 것을 아무렇지 않게 생각하고 있습니다. 저는 아이들이 본인의 인생도 이렇게 목적지에 도달하는 것에만 집착하지 말고 자신에 맞게 페이스 조절을 하면서 행복하게 지내기를 바랄 뿐입니다.

정리해볼까요

· 목적지를 향해 가다가 급하면 중간에 화장실을 다녀와도 됩니다. 실수를 하는 것보다 낫죠.

· 일상의 사소한 일처럼 보이지만 인생과 투자에 대한 교훈을 얻을 수 있는 일이 많이 있습니다.

◆ 함께 실천해보세요

아이들이 급하게 화장실을 찾을 때 미리 얘기하지 않았다고 혼내지 말고 함께 화장실을 찾아주세요. 화장실을 다녀와서는 이렇게 용변이 급할 경우 스스로 대처할 수 있는 방법을 알려주고, 나아가 이 같은 상황에서 배울 수 있는 인생과 투자에 대한 교훈을 같이 생각해보세요.

아빠, 부동산이 뭐예요?

1판 1쇄 찍음	2024년 11월 7일
1판 1쇄 펴냄	2024년 11월 14일

지은이	조훈희
펴낸이	조윤규
편집	민기범
디자인	홍민지

펴낸곳	(주)프롬북스
등록	제313-2007-000021호
주소	(07788) 서울특별시 강서구 마곡중앙로 161-17 보타닉파크타워1 612호
전화	영업부 02-3661-7283 / 기획편집부 02-3661-7284	팩스 02-3661-7285
이메일	frombooks7@naver.com

ISBN	979-11-88167-97-5 (03320)